Maximilian Aichern

Bischof mit den Menschen

CHRISTINE HAIDEN

TRAUNER VERLAG
OÖ PUBLIKATIONEN

HERAUSGEGEBEN VOM LINZER DOMKAPITEL

Copyright © 2005 by TRAUNER Verlag
Köglstraße 14, A 4021 Linz
Gestaltung: Bettina Victor
Lektorat: Karin Schuhmann
Umschlagbild: Kommunikationsbüro
Herstellung: TRAUNER Druck, Linz
ISBN 3-85487-847-8

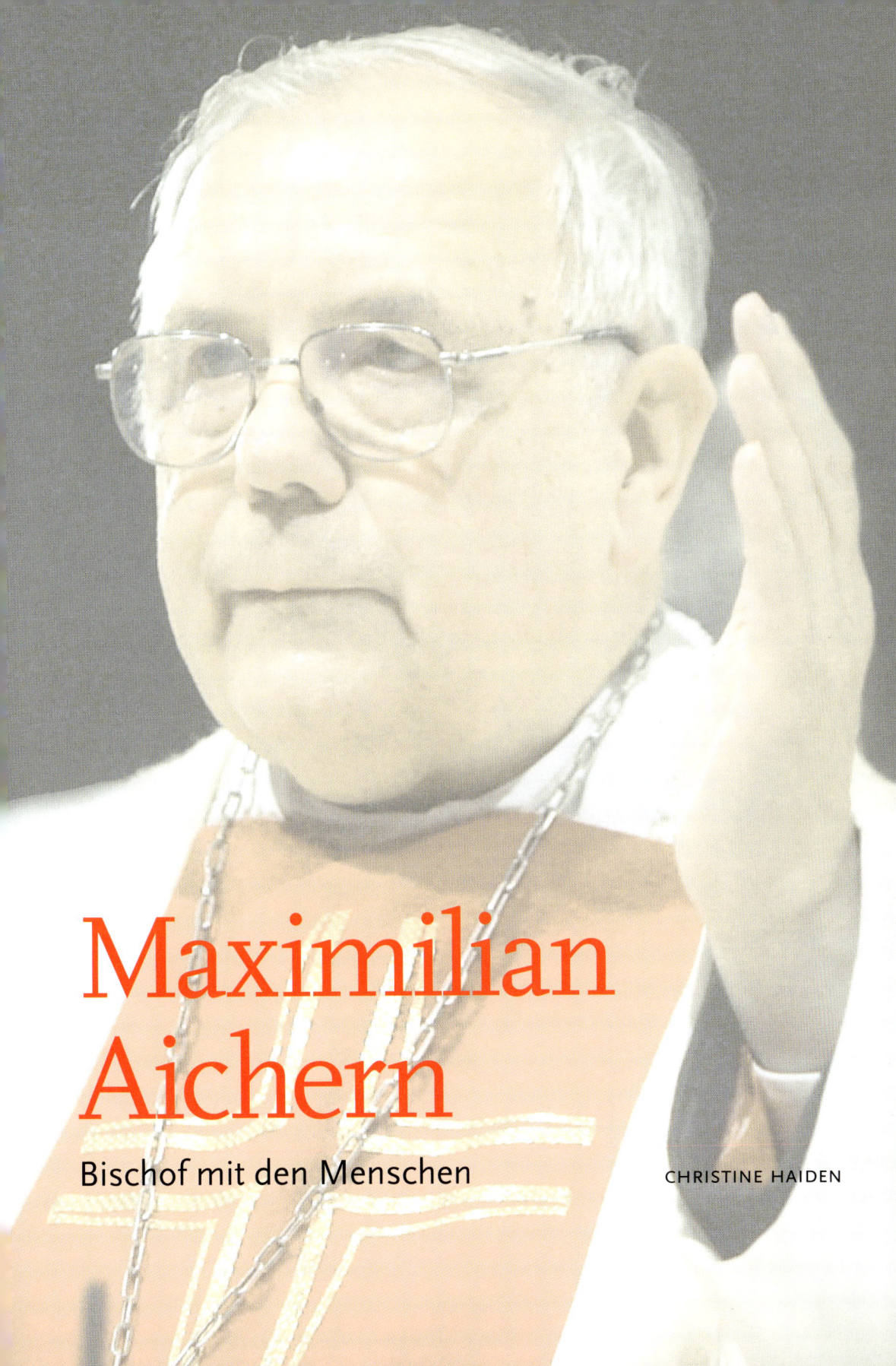

Maximilian Aichern

Bischof mit den Menschen

CHRISTINE HAIDEN

Inhalt

Vorwort 5
Der große Brückenbauer 6
Wichtige Stationen auf einem langen Weg 8
  1 Ein Fest für 23 gute Jahre 11
  2 Erinnerungen an das Zweite Vatikanische Konzil 21
  3 Jugend bei den Kalasantinern 26
  4 Erste Kontakte zu den Benediktinern 32
  5 Starke Wurzeln durch die Eltern 35
  6 Kindheit im Krieg 44
  7 Entscheidung für das Ordensleben 49
  8 Bestellung zum Bischof von Linz 61
  9 Leben im Geiste Benedikts 69
10 Der Empfang in Linz 77
11 Der persönliche Stil als Bischof 88
12 Vom Leben in den Pfarren 95
13 Konflikte in der Diözese 115
14 Sozialhirtenbrief und ökumenisches Sozialwort 126
15 Kampf für den arbeitsfreien Sonntag 138
16 Zeit für Persönliches 142
17 Die Kirche in der Gesellschaft 149
18 Die Pastoral der Zukunft 154
19 Zugang zum Amt 161
20 Raum für das Laienapostolat 169
21 Heimat in Oberösterreich 172
22 Große Vorbilder 180
23 Ausblick 187
Anhang 193
Danksagung 196

Vorwort

Das Bild hat seine Sprache, das Wort hat seine Sprache. Ideal, wenn beide vom Gleichen reden. Was das Bild nicht sagen kann, sagt das Wort. Und umgekehrt. So in diesem Band. Er verdankt sich einem besonderen Anlass. Unser Bischof Maximilian Aichern OSB gibt den Hirtenstab weiter. Das Domkapitel widmet ihm das Buch zum Abschied in Dankbarkeit für die fast schon sprichwörtlichen „23 guten Jahre" als Zeichen bleibender Verbundenheit.

Bischof Maximilian ist seinem Wahlspruch treu geblieben. Das Wort des Apostels Paulus im Brief an die Galater IN CARITATE SERVIRE wurde keine leere Hülse. Bei seiner Bischofsweihe am 17. Jänner 1982 im Linzer Dom wurde ihm das Buch mit dem Evangelium auf die Schulter gelegt. Er verstand es als Auftrag, die Frohbotschaft zu verkünden, aber auch die Stimme zu erheben, wenn die Reichen reicher und die Armen ärmer werden, wenn Kleine unter die Räder der Großen kommen. Er entsprach diesem Auftrag durch die maßgebliche Mitarbeit am Sozialhirtenbrief und am Sozialwort der christlichen Kirchen, in seinen Predigten und Ansprachen, durch die Caritas, durch die Bischöfliche Arbeitslosenstiftung und die Arbeitsstiftung der Diözese Linz.

Der Wahlspruch verblieb nicht in „höheren Regionen". Reine Theoretiker tun sich schwer, in die Niederungen des Alltäglichen hinabzusteigen. Gerade dort aber hat IN LIEBE DIENEN entsprechend dem Gleichnis vom barmherzigen Samariter seinen bevorzugten Ort. Dass sich Bischof Maximilian da zu Hause fühlte, so etwas wie ein Experte war, zeigt dieser Band. Angst vor den Menschen, auch Klerikern nicht unbekannt, hatte er nicht. Bei den Menschen sein, ihnen entgegenkommen, das tat er gerne. Auch wenn er erfahren musste, dass es Ablehnung und Gegnerschaft provoziert. Nachfolge Christi ist so. Die Freude am Herrn stärkte ihn. So lebte er, was er anderen immer wieder gewünscht hat: ein froher Mensch sein und ein froher Christ sein.

Uns Mitbrüdern im Domkapitel und im Konsultorenkollegium war es nicht Pflicht, sondern Freude, ihm einen Dienst abzunehmen, Vertretungen etwa. Wir wünschen und erbitten dankbar einen langen, frohen und fruchtbaren neuen Lebensabschnitt.

Die Mitbrüder im Linzer Domkapitel

Linz, am Fest Mariä Aufnahme in den Himmel 2005

Der große Brückenbauer

Das Klima, das in einem Land herrscht, wird von jenen bestimmt, die in den verschiedenen Bereichen des öffentlichen Lebens Verantwortung tragen. Bischof Maximilian Aichern hat während seines Episkopats ganz maßgeblich zu einem Klima des Dialogs, des Ausgleichs, des Brückenbauens und des Aufeinanderzugehens in diesem Land beigetragen. Er ist eine ganz wichtige Säule dessen, was wir unter dem guten oberösterreichischen Klima verstehen.

Der Bogen seines bisherigen Lebens, der in diesem Buch dargestellt wird, durchmisst viele große Zäsuren des letzten Jahrhunderts: Weltkrieg, Nazidiktatur, Wiederaufbau und Wiederherstellung unseres Landes, in dem als Folge historischer Wunden noch immer viel Sprachlosigkeit zwischen der Kirche und manchen gesellschaftlichen Gruppen herrschte. Diese Erfahrungen haben den Menschen Maximilian Aichern geprägt und sind gemeinsam mit seinem ausgleichenden Naturell wohl mitverantwortlich dafür, dass er in seinem Wirken ein Mann des Dialogs geworden ist.

Dialogfähigkeit und Menschennähe sind zum Markenzeichen seiner Amtsführung geworden. Auf diese Weise hat er als Bischof viele Brücken geschlagen: zu Konfessionen und Religionen, zwischen Kirche und Politik, zwischen Glauben und Wissenschaft.

Bischof Maximilian hat aber nicht nur Brücken *zu* den Menschen gebaut, sondern auch Brücken *für* Menschen gebaut. Nämlich Brücken für jene, die an den Rand der Gesellschaft gedrängt wurden. Darauf war sein gesamtes Wirken als Sozialbischof ausgerichtet. Er hat in der gesamten Republik die Verantwortung für die Schwachen in unserer Gesellschaft eingefordert und damit auch ganz wesentlich zur Glaubwürdigkeit der Kirche am Beginn des 21. Jahrhunderts beigetragen.

Er war verantwortlich dafür, dass in der Diözese des Sozialbischofs die kirchliche Sozialarbeit besonders leistungsstark ist. Hier wird nicht nur unendlich viel Gutes getan, dabei wurden auch Kirche und christlicher Glaube für jeden erlebbar. Es wird deutlich, was Nächstenliebe ist, es geht um Taten, nicht nur um Worte. Hier wird die Kirche von der Mittlerin selbst zur Botschaft. Auch daran hat Bischof Maximilian maßgeblichen Anteil gehabt.

Dieses Buch zeichnet Leben und Wirken einer Persönlichkeit nach, die völlig zu Recht als „großer Brückenbauer" in Oberösterreich gilt, die ein Klima des Miteinanders im Land maßgeblich mitgeprägt hat und die damit auch dazu beigetragen hat, dass wir nicht nur im Jubiläumsjahr, sondern auch darüber hinaus stolz auf unsere Heimat sein dürfen.

Ich wünsche ihm für die Zukunft alles erdenklich Gute!

Dr. Josef Pühringer
Landeshauptmann

Wichtige Stationen auf einem langen Weg

Maximilian Aichern OSB,
zwölfter Bischof der Diözese Linz
(1982–2005)

Familie und Jugend

Maximilian Aichern kam am 26. Dezember 1932 in Wien zur Welt. Seine Eltern führten im 14. Wiener Gemeindebezirk eine Fleischhauerei. Lange Zeiten seiner Kindheit verlebte Maximilian bei seinen Verwandten in Gurk, Kärnten, im Elternhaus seines Vaters. Wesentlich geprägt wurde er als Jugendlicher durch die Kalasantiner, die sich in seiner Heimatpfarre vor allem in der Arbeiterseelsorge verdient gemacht haben. Er maturierte 1951 in Wien und erlernte anschließend im elterlichen Betrieb das Handwerk des Fleischhauers. Nachdem er die Gesellenprüfung erfolgreich abgelegt hatte, begann seine Schwester Edeltraud mit der Fleischerlehre. Dann konnte sich Maximilian Aichern seinen lange gehegten Wunsch erfüllen, Priester und Ordensmann zu werden.

Priester und Ordensmann

Er trat in die Benediktinerabtei St. Lambrecht, an der Grenze Steiermark-Kärnten gelegen, ein. Maximilian Aichern behielt seinen Taufnamen im Orden bei.

Zum Studium schickte ihn sein Abt nach Salzburg und nach Rom an die päpstliche Hochschule San Anselmo. 1959 wurde Maximilian Aichern in der Abtei Subiaco bei Rom zum Priester geweiht.

Dann wirkte Pater Maximilian als Kaplan in der Stiftspfarre St. Lambrecht, als Jungschar- und Jugendseelsorger sowie als Religionslehrer in der Landesberufsschule für Maurer und Zimmerer in Murau.

1964 wurde P. Maximilian Aichern erst 32-jährig zum Abtkoadjutor des Stiftes St. Lambrecht gewählt. Es gelang ihm, das Kloster in mehrfacher Hinsicht zu konsolidieren. Außerdem verzeichnete man in seiner Amtszeit einen be-

Foto: Diözesanarchiv

trächtlichen Neuzugang von Ordensmännern. Nach dem Tod von Abt Wilhelm Blaindorfer wurde Aichern 1977 Abt des Klosters. 1978 übernahm er zudem die Aufgabe des Abtpräses der österrreichischen Benediktinerkongregation.

Bischof von Linz

Am 15. Dezember 1981 ernannte Papst Johannes Paul II. Abt Maximilian Aichern zum neuen Bischof der Diözese Linz. Er folgte Franz Zauner nach. Die Bischofsweihe erfolgte am 17. Jänner 1982 durch Kardinal Franz König im Dom zu Linz in Anwesenheit aller österreichischen Bischöfe und mehrerer Bischöfe aus dem Ausland.

1985 feierte die Diözese Linz ihr 200-jähriges Bestehen. Dazu gab es ab 1984 in allen Dekanaten Feste, die Bischof Maximilian mitfeierte.

1986–1987 berät die Diözese Linz in einer „Diözesanversammlung" über die Glaubensweitergabe.

Im Mai 1987 gründet Bischof Maximilian die Bischöfliche Arbeitslosenstiftung, die Projekte zur Bekämpfung der Arbeitslosigkeit unterstützt.

Im selben Jahr wirkt Bischof Aichern als Vertreter der Österreichischen Bischofskonferenz an der Bischofssynode über „Berufung und Sendung der Laien in Kirche und Welt" in Rom mit.

Nach zweijähriger Diskussion wird am 15. Mai 1990 der Sozialhirtenbrief der österreichischen Bischöfe präsentiert. Bischof Maximilian Aichern verantwortete als zuständiger Referatsbischof seine Erstellung mit.

1993 wird Bischof Maximilian von der Universität Passau mit der Würde eines Ehrendoktors der Theologie ausgezeichnet.

Im selben Jahr errichtet Bischof Aichern eine Obdachlosenstiftung in der Diözese Linz.

1994 erhält Bischof Maximilian als erster Bischof die Ehrenbürgerschaft der Stadt Linz.

Im selben Jahr nimmt er als Vertreter der Österreichischen Bischofskonferenz an der Synode „Über das gottgeweihte Leben" in Rom teil.

Über mehrere Jahre entwickeln Vertreter aller wichtigen kirchlichen Einrichtungen in den 1990er Jahren das Projekt „Seelsorge in der Zukunft". Es stellt personell, finanziell, strukturell und inhaltlich die Weichen für die Pastoral in der Zukunft.

Im November 1997 unterzeichnen 30 VertreterInnen verschiedener gesellschaftlicher Gruppierungen im Linzer Bischofshof die „Allianz für den arbeitsfreien Sonntag".

Von 2000 bis 2003 wird unter Mitverantwortung von Bischof Maximilian Aichern das „Sozialwort des Ökumenischen Rates der Christlichen Kirchen Österreichs" erarbeitet.

Am 18. Mai 2005 nimmt der neu gewählte Papst Benedikt XVI. das Rücktrittsgesuch aus Altersgründen von Bischof Maximilian Aichern an. Er bleibt Apostolischer Administrator der Diözese Linz bis zur Amtsübernahme seines Nachfolgers, Weihbischof Ludwig Schwarz (Wien), am 18. September 2005.

Foto: Diözesanarchiv

1 Ein Fest für 23 gute Jahre

> Mehr als 5.000 Menschen applaudierten Bischof Maximilian Aichern beim Dankgottesdienst für „23 gute Jahre". Die Freude und der Dank waren die wichtigsten Botschaften des Bischofs zum Abschied.

Bei Ihrer Ansprache beim Dankgottesdienst am 10. Juli 2005 haben Sie gesagt: „Lasst euch die Freude am Menschsein und am Christsein nie durch etwas nehmen." Das hat fast wie ein Vermächtnis geklungen, als eine Zusammenfassung dessen, was Ihnen wichtig ist.

So ungefähr ist es ja auch. Ich habe das mit Absicht gesagt, am Schluss der Predigt und am Schluss der Messe noch einmal.

Sie haben das Menschsein zuerst genannt.

Zuerst muss man Mensch sein, dann kann man auch Christ sein. Man wird als Mensch geboren und nicht als Christ. Als Christ wird man wiedergeboren durch die Taufe.

Worin drückt sich die Freude am Menschsein aus?

Ich denke, es ist die Freude am Leben. Freude kann man nicht jeden Tag erleben und ausstrahlen, es gibt auch andere Situationen. Aber man soll mit Gelassenheit leben. Das ist auch eine Form der Freude. Die Gelassenheit, sich von allem Möglichen, das der Tag und die Zeiten bringen, nicht umwerfen zu lassen. Gott hat mir das Leben gegeben und mit dem fange ich jetzt etwas an.

Die Gelassenheit ist eine ruhige Freude.

Gelassenheit ist eine ruhige Freude, ja.

Wie sehen Sie die überschäumende Freude, die gerade in unserer Gesellschaft einen hohen Stellenwert hat, das, was man auch als Fun, als Spaß, bezeichnet?

Die Menschen sind so verschieden und deswegen kann es auch verschiedene Arten von Freude geben, selbstverständlich. Wenn man die Kinder beim „Mosaik"[1] in Rohrbach erlebt hat, die waren nicht angekratzt, sondern aufgekratzt.

---

[1] „Mosaik" war das große Jungschartreffen im Juli 2005 in Rohrbach, OÖ.

Vor lauter Freude. Wie die gesungen haben, wie die hergestürmt sind, was Einzelne alles zu reden gewusst haben mit mir, als ob wir die dicksten Freunde wären, und zwar nicht erst seit gestern, sondern schon immer. Es ist unglaublich. Kinder schenken so viel Vertrauen und das ist auch eine Freude. Es gibt, je nachdem wie der Mensch in seinem Temperament und Charakter beschaffen ist, verschiedene Formen der Freude.

Ihnen persönlich ist die gelassene Freude näher?
Ich denke schon.

Wo ist die Freude am Christsein vor allem beheimatet?
Freude am Christsein soll man umfassend sehen. Nicht nur, dass wir wissen, wie wir miteinander menschenwürdig durchs Leben gehen können, sondern dass wir das auch mit äußeren Zeichen bekunden, in der Art und Weise, wie wir uns begegnen, und in der Art und Weise, wie wir Gott begegnen beim Gottesdienst. Das kann auch eine Freude sein, eine gemeinschaftliche Freude, eine einzelne Freude, eine geistliche Freude. Es haben viele Menschen nach dem Gottesdienst am Sonntag[1] ihre Freude ausgedrückt, dass ihnen das etwas gegeben hat.

Da haben Sie nichts dagegen.
Nein, sicher nicht. Ich glaube, man muss das Christsein umfassender sehen. Gott gibt uns eine Richtung in den Geboten und durch Jesus einen Kompass im Evangelium. Er schraubt die Anforderungen an Christen ziemlich hoch, etwa in der Bergpredigt mit den Seligpreisungen. Das verlangt schon etwas von uns. Aber im Grunde genommen schenkt es Gelassenheit und Freude, wenn man auf diese Art und Weise, auch durch die Tröstungen, die Gott ausspricht, besser durchs Leben kommt. Sehr vereinfacht ausgedrückt. Das Christsein äußert sich sehr vielfältig. Durch ein gemeinschaftliches Gebet, einen gemeinschaftlichen Gottesdienst, durch Taten, in Bewegungen, in Gruppen, es wäre eigentlich für jeden etwas drinnen. Der eine freut sich an den schönen Kirchen, der andere an der Gemeinschaft, der Dritte nimmt was mit für sein Leben aus dem Bildungswerk und so geht das weiter.

Es wird als Stärke der katholischen Kirche gesehen, dass sie ein sehr weites Spektrum von Christsein und von Menschsein ermöglicht.
Das würde ich auch sagen.

Wenn Sie sagen, man soll sich die Freude am Menschsein und am Christsein nie durch etwas nehmen lassen, wodurch sehen Sie die Freude gefährdet?
Die kann man gefährdet sehen durch Gegnerschaften gegen den Glauben, durch Anpöbelungen oder Oberflächlichkeiten, wenn über Glaubensfragen mitunter verschiedene Meinungen bestehen. Oft weniger über Glaubensfragen als über Kirchenfragen und Kirchenstrukturfragen, da heizen sich die Menschen im Gespräch oft auf. Das hat wahrscheinlich wenig Sinn. Denn auch diese Fragen können nur gelassen behandelt werden. Viele Fragen sind Fragen der Weltkirche, die man nicht lokal lösen kann. Aber man muss dafür arbeiten.

---

[1] Dankgottesdienst „23 gute Jahre" am 10. Juli 2005.

Lässt sich das noch konkretisieren?
Die Kirche hat schon öfter mit Traditionen, wenn sie nicht mehr zeitgemäß waren, aufgehört und neue Gangarten festgelegt. Das betrifft nicht das Wort Jesu, sondern das betrifft das Leben der Kirche.

Die Einladung zur Feier am 10. Juli 2005 hieß „23 gute Jahre". War das Ihre Formulierung?
Nein, überhaupt nicht. Ich habe nicht an eine Feier gedacht. Das Domkapitel und die Katholische Aktion haben gesagt, sie halten eine Feier für angebracht und bitten sehr, dass so ein Dankgottesdienst denn doch stattfindet.

Können Sie dem zustimmen, dass es 23 gute Jahre waren?
Ich glaube, eine solche Formulierung kann nur Gott beurteilen. Menschen werden sie immer verschieden beurteilen. Ich vermute, dass nicht alle zustimmen, aber sehr viele.

Man hatte zumindest den Eindruck, dass es von vielen so empfunden wird.
Mag sein, weil auch das Bemühen immer da war, zwischen den Gruppierungen Brücken zu bauen aufgrund des Wortes Gottes und die Zusammenarbeit aller Kräfte zu fördern, was manchmal besser gelungen ist, manchmal weniger. Nicht nur im eigenen Land, auch von der Bischofskonferenz beauftragt, waren viele Brückenschläge möglich zu politischen Parteien, zur Sozialpartnerschaft, zu Gruppierungen der Wirtschaft und der Kultur. Da mag manches gelungen sein, um den Menschen Ethik aus dem Glauben für ihr Verhalten in ihren speziellen Lebens- und Arbeitsbereichen zu schenken. Das war mein Mühen. Das ist von manchen mehr, von manchen weniger anerkannt worden.

> „Ihr Bischofsein war uns Frohbotschaft!"
>
> **Margit Hauft,** Präsidentin der Katholischen Aktion Oberösterreichs, beim Dankgottesdienst für Bischof Aichern am 10. Juli 2005 in Linz.

Besuche in den Pfarren

In den 23 Jahren seiner Amtszeit hat Bischof Maximilian Aichern rund 800 Mal Pfarren zur Visitation besucht und zusätzlich oft für Firmungen, Weihen, Segnungen, Jubiläen und ähnliche Anlässe. Anlässlich seiner Visitationen hat Bischof Maximilian ungefähr 40.000 Kinder gesegnet und rund 1.600 Kranke in den Pfarren besucht. Rund 63.500 junge Menschen wurden von Bischof Maximilian während seiner Amtszeit gefirmt. 165 Priester (98 Weltpriester, 67 Ordenspriester), 72 Diakone und eine Reihe von Priestern und Diakonen in in- und ausländischen Diözesen und Ordensgemeinschaften wurden von Bischof Maximilian geweiht, zudem wirkte er bei Bischofsweihen im In- und Ausland als Mitkonsekrator.

Um seine Person machte Bischof Maximilian Aichern nie gerne viel Aufhebens. Ein Dankgottesdienst war daher sein einziges Zugeständnis an das Domkapitel und die Katholische Aktion, um seine 23 Dienstjahre in Linz gebührend zu beschließen. Fotos: Wakolbinger

Nach 23 Amtsjahren als Bischof von Linz feierte die Diözese Linz mit ihrem Bischof Maximilian ein Fest des Dankes. 5.000 Menschen waren dazu am 10. Juli in den Linzer Dom gekommen.

23 Jahre stand Maximilian Aichern als Bischof der Diözese Linz vor. Am 18. Mai 2005 nahm Papst Benedikt XVI. das Rücktrittsgesuch des 73-jährigen Bischofs an.

Bischof mit den Menschen

„Ich wollte nie ein Bischof über euch, sondern für euch und mit euch sein." Bischof Maximilian Aichern fasste in seiner Predigt beim Dankgottesdienst noch einmal das Verständnis seiner Amtsführung zusammen. Fotos: Wakolbinger

Bischof Maximilian beim Friedensgruß mit Dr. Walter Wimmer, Sprecher des Priesterrates der Diözese und Mitglied des Domkapitels.

Der Kontakt zu den Nachbar- und Partnerdiözesen von Linz war Bischof Maximilian immer sehr wichtig. Zu seinem Dankgottesdienst lud er unter anderen auch Josef Kavale ein, den Kapitelvikar der Diözese Budweis zur Zeit des Kommunismus.

„Wir danken Gott, dass er uns in seinen Dienst gerufen hat, dass er die Mitte und die Kraft in unseren Worten, in unseren Zeichen, in unserer feiernden Gemeinschaft ist."

Die Eucharistie als Mitte und Quelle kirchlichen Lebens war auch beim Dankgottesdienst für „23 gute Jahre" der Amtsführung Bischof Maximilians das Herzstück des gemeinsamen Feierns.

Der Chefredakteur der Linzer Kirchenzeitung, Mag. Matthäus Fellinger, überreichte Bischof Maximilian ein Buch mit Briefen, die Kirchenzeitungsleser an Bischof Maximilian geschrieben hatten.
Fotos: Wakolbinger

Mit der Familie immer eng verbunden: Bischof Maximilian mit seiner Schwester Edeltraud und deren Mann und Enkelkindern am Ende des Gottesdienstes.

Zum Dankgottesdienst für Bischof Maximilian waren zahlreiche Vertreter des öffentlichen Lebens gekommen, unter anderen (von rechts nach links) ÖGB-Präsident Fritz Verzetnitsch, Anneliese Ratzenböck, Altlandeshauptmann Dr. Josef Ratzenböck, Staatssekretär Mag. Helmut Kukacka, Erste Landtagspräsidentin Angela Orthner. Foto: Franz M. Glaser

Landeshauptmann Dr. Josef Pühringer (links) und die Präsidentin der Katholischen Aktion Margit Hauft (rechts) würdigten in ihren Ansprachen nicht nur die Verdienste von Bischof Maximilian, sondern ließen ihm zu Ehren auch zwei Turmfalken im Linzer Dom aufsteigen.

Fotos: Franz M. Glaser

Das Wetter spielte beim Dankgottesdienst am 10. Juli nicht ganz mit. So fand die Agape nach dem Gottesdienst im großen Dom statt. Bischof Maximilian war wie immer auch dort bei den Menschen zu finden.

2 Erinnerungen an das Zweite Vatikanische Konzil

Das Zweite Vatikanische Konzil[1] gilt als größter Reformschritt der katholischen Kirche im 20. Jahrhundert. Diese Zeit des Aufbruchs erlebte Maximilian Aichern als junger Priester mit.

Sie sind noch Priester geworden in vorkonziliarer Zeit.

Ja, 1959.

Was hat einen jungen Priester zu dieser Zeit geprägt? Welches Kirchenbild, welches Selbstverständnis hat man da mitbekommen?

Ein einfaches katholisches Selbstverständnis. Wir haben als Kinder den Glauben nach der biblischen Geschichte und dem Katechismus gelernt. Es hat aber immer schon Visionäre gegeben in den Kirchen der einzelnen Länder, auch im deutschsprachigen Raum, etwa Karl Rahner[2], Pius Parsch[3], Ferdinand Klostermann[4] und andere. Bedeutsam war auch Joseph Ratzinger[5], der damals noch Theologieprofessor war. Diese haben damals die Kirche geistig angeregt. Die Persönlichkeit Johannes' XXIII.[6] hat das Ihre dazu getan. Als er gewählt wurde, war ich im letzten Jahr der Theologie …

---

[1] Das Zweite Vatikanische Konzil wurde von Papst Johannes XXIII. als 21. Konzil der römisch-katholischen Kirche einberufen. Zwischen 1962 und 1965 wurde dem Ziel des Papstes entsprechend ein „aggiornamento" beraten, eine Aktualisierung der Lehre und des Lebens der Kirche für die Gegenwart.

[2] Karl Rahner (1904–1984) war Jesuit und Professor für Dogmatik. Er gilt als einer der bedeutendsten Theologen des 20. Jahrhunderts. Er hat die katholische Theologie neu durchdacht, in vielen wissenschaftlichen Werken darüber publiziert und als Berater des Konzils und von Synoden großen Einfluss ausgeübt.

[3] Pius Parsch (1884–1954), Augustiner-Chorherr und Pastoraltheologe, gilt als ein Wegbereiter der liturgischen Erneuerung im Sinne der „Volksliturgie", die unter anderem die Landessprache in der Liturgie einführte.

[4] Ferdinand Klostermann (1907–1982) gilt als einer der profiliertesten österreichischen Pastoraltheologen des 20. Jahrhunderts und als leidenschaftlicher Kämpfer für eine engagierte Kirche.

[5] Joseph Ratzinger (geb. 1927), Professor für Dogmatik und Fundamentaltheologie, ab 1997 Erzbischof von München und Freising, ab 1981 Präfekt der Katholischen Glaubenskongregation in Rom. 2005 wurde er zum Papst gewählt und nahm den Namen Benedikt XVI. an.

[6] Papst Johannes XXIII. (1881–1963), geboren als Angelo Roncalli, wurde 1958 als Patriarch von Venedig im Alter von 77 Jahren zum Papst gewählt. Schon 30 Tage später kündigte er das Zweite Vatikanische Konzil an, dessen erste Periode er noch selbst leitete. Sein Amt wollte er wie ein guter Hirte ausüben. Am 3. September 2000 wurde Johannes XXIII. selig gesprochen.

Sie waren damals in Rom …
Ja. Als Johannes XXIII. da auf der Loggia gestanden ist als der neue Papst, war er ein völlig Unbekannter. Alle haben wir gestaunt, dass ein 77-Jähriger gewählt wurde. Er hat dann in nur fünf Jahren Amtszeit in der Kirche massivst etwas bewegt, auch gegen viele Gegner, die sich das nicht vorstellen konnten. Ich habe ihn in sehr guter Erinnerung. Vor allem die große Kardinalsernennung im Dezember 1958, bei der auch Erzbischof König von Wien ernannt wurde, und den großen Gottesdienst zum Festtag Pauli Bekehrung am 25. Jänner 1959, wo der Papst in St. Paul vor den Mauern war. St. Paul ist eine Benediktinerabtei. Dorthin mussten wir Benediktineralumnen aus aller Welt zur Liturgiegestaltung. Der Abtbischof Caesario D'Amato hat den Gottesdienst in Anwesenheit des Papstes gefeiert. Der Papst hat gepredigt und am Ende des Gottesdienstes den Segen gespendet. Anschließend hat er die Kardinäle und den Abtbischof von St. Paul in den Festsaal von St. Paul gebeten. Dort hat er dann so um halb eins, nach dem Gottesdienst, das Konzil angekündigt. Da waren wir natürlich nicht dabei, aber ein paar Minuten später hat man das in der Basilika und über die Medien auf dem ganzen Erdkreis gewusst.

Woran erinnern Sie sich? Wie war die Stimmung?
Das ist ein großer Eindruck gewesen. Bei den Jüngeren war euphorische Stimmung. Aber bei einem Teil im mittleren Alter und bei manchen Älteren war eine skeptische, wenn auch nicht ablehnende Stimmung.

Was hat das Euphorische der Jungen ausgemacht?
Das Euphorische der Jungen war, dass der Papst gesagt hat, „Fenster auf", damit frische Luft in die Kirche kommt, damit auch die Anliegen der Welt von der Kirche deutlicher gesehen und die Hilfen für die Menschen unter solchen Umständen besser artikuliert und gestaltet werden.

Hat man das als Junger so erlebt, dass man in der Kirche ein anderes Leben führt als außerhalb?
Das hat man teilweise schon deutlich, oft aber auch wieder nicht direkt erlebt. Aber die Antworten auf Fragen der Welt sind eben die ganz traditionellen gewesen und damit haben viele nichts anzufangen gewusst.

Ist es Ihnen auch so gegangen?
Es war damals eine andere geistige Situation. Die Aufbrüche sind erst durch das Konzil gekommen.

Sie haben Ihr Studium noch in lateinischer Sprache absolviert.
In Salzburg waren die Vorlesungen und Prüfungen in Deutsch, die Theologie in Rom war von A bis Z in Latein.

Wer waren für Sie während des Studiums in Rom prägende Theologen?
Ganz sicher Cipriano Vagaggini, Augustin Mayer, Anselm Günthör, Gellert Bekes, Ulrich Beste, Sebastiano Bovo, Basilius Steidle und Kassius Hallinger.

Welche Fächer haben sie unterrichtet?
Vagaggini, Mayer und Bekes waren Dogmatiker, Beste hat Kirchenrecht doziert, Günthör war Moral- und Pastoraltheologe, Bovo war Bibliker, Hallinger hat Kirchengeschichte und Steidle hat Ordensrecht und Ordensgeschichte vorgetragen. Pater Augustin Mayer, ein Benediktiner aus Metten in Südbayern, war auch unser Rektor. Er war später Sekretär in der Religiosenkongregation, dann Kurienkardinal für die Liturgie und lebt jetzt in der Pension in Rom. Pater Vagaggini war ein Dogmatiker mit Visionen, so wie Karl Rahner. Vagaggini und Mayer waren auch Berater im Konzil. Und Pater Bekes, ein Ungar, der ökumenische Theologie lehrte, hatte interessante Thesen, wie auch die orthodoxe Kirche in die Einheit mit dem Papst kommen könnte. Er hatte auch Thesen für das Zusammenfinden von evangelischer und katholischer Kirche, besonders in der Rechtfertigungslehre. Er hat damals eine Einheit in dieser Frage als nicht unmöglich hingestellt und inzwischen haben wir sie. Jetzt gehen die theologischen Gespräche mehr um Amt und Eucharistie.

Welche Fächer haben Sie interessiert?
Wenn ich das erzähle, werden vielleicht manche lachen. Mich hat sehr die Kirchengeschichte interessiert und natürlich auch das kirchliche Recht. Und dann am Monastischen Institut[1], weil ich Benediktiner bin, die Ordensgeschichte und die Ordensregel-Vorlesungen. Es ging um benediktinische Spiritualität.

War es innerhalb der Ordensgemeinschaft eine Auszeichnung, wenn man in Rom studieren durfte?
In manchen Klöstern hat man gesagt, jeder soll einmal in Rom studiert haben, um das weltkirchliche Fluidum zu erleben. Mein Abt hat ohne Angabe von Gründen einige Fratres nach Salzburg zum Studium geschickt und einige nach Rom. Mich hat er nach Rom geschickt und nach mir den derzeitigen Abt, meinen Nachfolger. Man wird nicht deswegen zum Abt gewählt, weil man in Rom studiert hat. Der Studienort hat nie eine Rolle gespielt. Zuhause ist man wieder in der Schar der Mitbrüder gewesen und hat sich unter Abt, Prior beziehungsweise Pfarrer ein- und unterordnen müssen. Als Abt bin ich schon froh gewesen, dass ich die Gegebenheiten in Rom kennen gelernt habe. Das sind immerhin vier Jahre gewesen. Auch als Bischof ist mir das sehr zugute gekommen.

Das ist für Laien ein vollkommen fremdes Terrain.
Für manche Bischöfe auch, die ernannt werden und nie in Rom studiert haben, die vielleicht nur einmal einen Besuch gemacht haben. Wie bewegt man sich, wo geht man überall hin? Man kann die Sprache nicht, braucht einen Dolmetsch.

Muss man so eine Art Hofetikette kennen?
Ja, das ist vielleicht ein wenig überzeichnet, aber ungefähr so ist es.

---

[1] Am Monastischen Institut wird Geschichte und Gegenwart der mönchischen Lebensform gelehrt.

Bischof mit den Menschen

„Wir haben mit Freude den Impuls und die Öffnung eines Papstes Johannes XXIII. im Zweiten Vatikanischen Konzil und in der klugen und weitsichtigen Fortführung durch Papst Paul VI. aufgenommen. Besondere Bedeutung kommt dabei der neu unterstrichenen Mitverantwortung und Mitarbeit aller Getauften und Gefirmten in der Kirche, dem Dialog mit allen Christen, ja mit allen Menschen, einer neuen Besinnung auf Bibel und Liturgie, vor allem aber der Verantwortung der Christen für die Welt und ihre Probleme zu."

Bischof Maximilian Aichern in seiner Dankansprache anlässlich der Verleihung der Ehrendoktorwürde durch die Katholisch-Theologische Fakultät der Universität Passau am 13. Juli 1993.

Maximilian Aichern OSB wurde 1959 in Subiaco bei Rom zum Priester geweiht. Die Nachprimiz feierte er in seinem Heimatstift, dem steirischen Kloster St. Lambrecht.

Am 9. Juli 1959 wurde Pater Maximilian Aichern OSB von Diözesanbischof Placido Nicolini OSB (Assisi) in Subiaco bei Rom zum Priester geweiht. Fotos: privat

3 | Jugend bei den Kalasantinern

> Maximilian Aichern wuchs im 14. Wiener Gemeindebezirk in der Reinlgasse auf. Seine Heimatpfarre St. Josef wurde vom Orden der Kalasantiner betreut. Dort erfuhr der junge Maximilian wesentliche Prägungen für sein späteres Leben.

Wie kam es zu Ihrer Entscheidung, Benediktiner[1] zu werden? Sie sind in Ihrer Jugend eher durch die Kalasantiner[2] geprägt worden, da wäre es doch logisch gewesen, sich dort anzuschließen.

Die Kalasantiner haben aufgrund ihrer Tätigkeitsfelder mehr die Arbeiterpastoral betont. Ich stamme aus einer Pfarre, wo das Arbeitermilieu eine große Rolle gespielt hat. Der frühere Gewerkschaftsbundpräsident Benya[3] stammte aus unserer Gegend, ebenso die Frauenministerin Dohnal. Ich habe mit Präsident Benya öfter privat, aber auch amtlich gesprochen. Bei Gesprächen des Präsidiums der Katholischen Aktion Österreichs mit der Führung der einzelnen Parteien kam es mehrmals im Parlament zu Diskussionen mit Ministerin Dohnal[4], an denen ich mitgewirkt habe. Vor allem diese regelmäßigen Gespräche mit den Leitenden der einzelnen Parteien, an denen ich über Jahre als Referatsbischof für die Katholische Aktion teilgenommen habe, habe ich für beide Seiten als sehr nutzbringend erlebt. Es kamen immer Themen zur Sprache, die für beide Seiten von besonderer Bedeutung waren, gesellschaftspolitisch und kirchlich.

---

[1] Der Orden der Benediktiner wurde 529 von Benedikt von Nursia (um 480–547) gegründet. Die Benediktiner gelten als prägender Orden für die geistige und kulturelle Entwicklung Europas. Noch immer gibt es weltweit mehr als 1.200 Benediktiner- und Benediktinerinnenklöster.
[2] Der Orden der Kalasantiner heißt eigentlich „Kongregation der christlichen Arbeiter vom hl. Josef Calasanz". Der Orden will den Menschen die Frohe Botschaft bringen, sie anleiten, in ihrer Umgebung das Evangelium zu leben, sie befähigen, am Arbeitsplatz Christ zu sein, und vor allem der Jugend helfen, ihren Platz im Leben und in der Welt zu finden. Der Orden wurde 1889 vom seligen Pater Anton Maria Schwarz in Wien gegründet.
[3] Anton Benya (1912–2001) war von 1963 bis 1987 Präsident des Österreichischen Gewerkschaftsbundes.
[4] Johanna Dohnal (geb. 1939) war von 1979 bis 1990 erste Staatssekretärin für Frauenfragen im Bundeskanzleramt.

Der oberösterreichische Landeshauptmannstellvertreter Erich Haider hat Sie sogar als sein Vorbild bezeichnet.
So manche Politiker unterschiedlicher Parteien sind Ministranten gewesen und haben einen Bezug zur Kirche. Sie haben auch keine Schwierigkeit, mit Personen der Kirche zu reden.

Aber trotz Zusammenarbeit oder Sympathie muss man als Bischof genügend Distanz zur Parteipolitik wahren.
Ein Bischof ist ja kein Bischof für die ÖVP, die SPÖ, die Grünen oder die Freiheitlichen, sondern ein Bischof aller Katholiken.

Und zum Teil auch der Nichtkatholiken, es gibt ja auch viele, die einmal zugehörig waren.
Ja, manche hören auch dann noch, manche lehnen jeden Kontakt ab.

Viele wollen nicht bedrängt werden mit Anliegen der Kirche.
Man soll niemand bedrängen, wohl aber darf man überzeugen. Manches von dem, was man gesagt hat, hat Leute aufgeregt. Zum Beispiel in der letzten Zeit die Diskussion über Armut. Ich habe gesagt, dass man nachdenken muss, wie der Staat zu mehr Geld zur Überwindung der Armut kommen könnte[1]. Denn die zunehmende ungerechte Verteilung zwischen Einkommen aus Erwerbsarbeit und Einkommen aus Gewinnen oder Vermögen ist eine Ursache für die steigende Armut in Österreich, aber auch weltweit. Vermögen ist in Österreich viel zu gering besteuert, die Erwerbsarbeit zu hoch. Es wären für den Sozialstaat viele Finanzierungsprobleme gelöst, wenn man sich trauen würde, Vermögen stärker zu besteuern. Natürlich, wenn man von einem Stift eine Vermögenssteuer verlangt, von dem toten Material des großen Gebäudes, das einen immensen Wert hat, und von den Kunstschätzen, die ja gewartet werden müssen, ruiniert man ein Stift. Aber es gibt auch andere Vermögen. In der Diskussion muss man alles ansprechen, was unter Umständen helfen könnte. Auch wenn nicht alle einverstanden sind, muss man das sagen zugunsten der Ärmeren.

Wie sind Sie kirchlich geprägt worden?
Von klein auf war ich in Wien 14 bei den Kalasantinern. Das Viertel, wo ich aufgewachsen bin, ist so ein richtiges Arbeiterviertel mit vielen Bauten aus den 1920er und 1930er Jahren. Viele Häuser, wenig Grünfläche und so weiter. Fast ein Glasscherbenviertel, sagen manche Leute. Aber gerade aus so einem Viertel kommen immer wieder geistliche Berufe, auch heute. Vor dem Krieg waren es mehr Schwestern, nach dem Krieg eher Priester. Ich habe mehrere zu Priestern geweiht, die aus meiner Heimatpfarre stammen. Kardinal König[2] hat

---
[1] In einem Interview mit der Zeitung der Bischöflichen Arbeitslosenstiftung im Juni 2005.
[2] Kardinal Franz König (1905–2004) war von 1956 bis 1985 Erzbischof von Wien. Seine besonderen Schwerpunkte lagen in der Seelsorge, der Ökumene, im Gespräch mit allen gesellschaftlichen Gruppen und in der Umsetzung des Zweiten Vatikanischen Konzils.

die Erlaubnis gegeben, ebenso Kardinal Groer[1] und auch Kardinal Schönborn[2], dass ich die Neupriester aus meiner Heimatpfarre weihe.

Mein Vater ist aus Gurk in Kärnten. Dort sind die Salvatorianer am ehemaligen Dom. Ich habe immer Ordensgemeinschaften erlebt.

In der Pfarre haben sich, als ich nach dem Krieg ins Gymnasium gegangen bin, Jugendgruppen gebildet. Da haben wir Fussball ballestert mit den Jugendlichen der Nachbarpfarren, wir haben Wettbewerbe gemacht und alles Mögliche. Wir sind damals ungefähr 150 Jugendliche in der Pfarre gewesen. In die traditionellen Wirtshäuser wollte ja kein Jugendlicher gehen. Was sich in unserer Pfarre bald gebildet hat, war die Arbeiterjugend. Pater Zeininger[3] hat von Kardinal Innitzer den Auftrag gehabt, in den Arbeitergegenden die Katholische Arbeiterjugend zu forcieren. Pater Zeininger hat uns die Thesen von Cardijn[4] vorgetragen und dann verlangt: „Jeder gewinnt, bis ich in einem Monat wiederkomme, einen Zweiten." Das ist alles damals gelungen. Natürlich waren Burschen und Mädchen in den Heimstunden meistens getrennt. Es gab einen großen Hof zum Ballspielen, zum Zusammensitzen, dort haben wir Jugendlichen uns gerne getroffen. Die Priester haben ad hoc Jugendstunden forciert. Das ist nach Themen gegangen. Da waren Jüngere und Ältere dabei, was einen halt gerade interessiert hat. Bei religiösen Themen und Bibelthemen waren wie halt immer die wenigsten, aber immer genug. Bei Themen zum Leben und zur Liebe, zu Ehe und Familie waren immer die allermeisten.

Wo sind Sie hingegangen?

Einmal dahin, einmal dorthin. Dann haben auch die politischen Arbeitskreise, Wirtschaft und Politik eine große Rolle gespielt. Da wurde zum Beispiel ein Werksdirektor eingeladen, nicht von irgendwo in der Ferne, sondern aus der nächsten Umgebung, aus der Pfarre. Der hat einmal zwei Arbeiter entlassen. Es wurde gefragt, warum er die entlassen hat, ob er das überhaupt darf, wie da das Gesetz ist, wie es in seinem Betrieb zugeht, worauf setzt er, wie er bestehen kann. Das war auch für mich interessant, obwohl ich ins Gymnasium gegangen bin. Aber daheim im Geschäft, in der Fleischhauerei, habe ich immer wieder mitarbeiten müssen. Daher war mir auch die Arbeitswelt in etwa bekannt. Dann interessierte uns natürlich die Politik. Im Parlament ist viel gestritten worden. Und da hat einmal einer von uns gesagt: „Laden wir den Parlamentspräsidenten Kunschak[5] ein." Und die anderen haben gemeint: „Der wird ausgerechnet zu uns kommen!" Dann haben sie gemeint: „Maxi, du schreibst den Brief." Ich habe

---

[1] Kardinal Hans Hermann Groer (1919–2003), Benediktiner, war von 1986 bis 1995 Erzbischof in Wien und ab 1988 Kardinal.

[2] Kardinal Christoph Schönborn (geb. 1945), Dominikaner, ist seit 1995 Erzbischof von Wien, seit 1998 Kardinal und Vorsitzender der Österreichischen Bischofskonferenz.

[3] Pater Josef Zeininger, gebürtiger Oberösterreicher (aus Eferding), Oblate des hl. Franz von Sales, gründete in Wien 1946 die ersten Zellen der Katholischen Arbeiterjugend.

[4] Der belgische Kardinal Joseph Cardijn (1882–1967) ist der Begründer der Internationalen Christlichen Arbeiterjugend.

[5] Leopold Kunschak (1871–1953) war christlich-sozialer Arbeiterführer, Abgeordneter des Nationalrates der Ersten und der Zweiten Republik und erster Präsident des Nationalrates der Zweiten Republik. Er war als Demokrat Gegner der Heimwehrbewegung und des autoritären Dollfußregimes.

halt daheim den Brief geschrieben. Inzwischen hat der Pfarrer das erfahren. Ich habe ihm den Brief zeigen müssen, bevor er weggegangen ist. Der Pfarrer hat Kunschak gekannt. Und Kunschak ist zu uns gekommen. Das war ein Erlebnis, an das ich heute noch denke. Der alte Präsident, christlich-sozialer Arbeiterführer schon in der Monarchie und in der Ersten Republik, sitzt jetzt als Präsident des Nationalrates auf einem Sessel und wir alle hocken am Boden herum. Man hat gar nicht mehr viel sitzen können, so voll war es. Auch Geistliche sind gekommen. Kunschak hat mit uns diskutiert über Politik und Demokratie, über die Kirche und welchen Einfluss Kirche in der Gesellschaft haben kann. Er hat oft Kardinal Innitzer[1] in den Mund genommen, weil Kirche und Ständestaat in den 1930er Jahren sehr verschränkt waren. Das hat auch er als nicht mehr richtig empfunden. Er hat aber in seinen Gesprächen Engelbert Dollfuß[2] und auch Kurt Schuschnigg[3] sehr differenziert dargestellt. Das war interessant.

Haben Sie mit solchen Erlebnissen Berührungsängste gegenüber Politikern überwunden?

Eigentlich schon. Das haben wir ja öfter gehabt. Als Kunschak gestorben ist, das war zwei Jahre nach meiner Matura, hat unser Pfarrer am Zentralfriedhof die Einsegnung im Ehrengrab unter Teilnahme der damaligen Bundesregierung und vieler Parlamentarier gehalten. Er hat zwei von uns Jugendlichen, die wir noch Ministranten und gleich groß waren, ausgesucht, nur zwei. Ich war beim Begräbnis vom Präsident Kunschak Ministrant.

Wirklich?

Kann mich gut erinnern. Zum Beispiel an Erzbischof Koadjutor Jachym, der beim Begräbnis mitgegangen ist. Wer war denn damals von den Sozialisten dabei? Schärf[4], Körner[5] war Bundespräsident. Wer war Bundeskanzler? Raab[6], Figl[7] war Außenminister, sie sind alle da beim Grab gestanden.

---

[1] Kardinal Theodor Innitzer (1875–1955) war Sohn eines Fabrikarbeiters und selbst vor seinem Theologiestudium Lehrling in einer Textilfabrik. 1932 wurde er zum Erzbischof von Wien geweiht. Heftige Kritik rief hervor, dass er im März 1938 Hitler einen Besuch abstattete und danach in einer feierlichen Erklärung mit den übrigen österreichischen Bischöfen den Anschluss Österreichs an Nazideutschland begrüßte. Die Hoffnung auf eine damit verbundene kirchenfreundliche Politik erfüllte sich allerdings nicht.

[2] Engelbert Dollfuß (1892–1934), christlich-sozialer Politiker und ab 1932 Bundeskanzler der Ersten Republik, hob im März 1933 den Nationalrat auf, regierte fortan autoritär und gründete die „Vaterländische Front". Diese wird 1934 zur Staatspartei erklärt. Kommunistische und nationalsozialistische Partei werden verboten. Nach den blutigen Kämpfen zwischen der christlich-sozialen Heimwehr und dem sozial-demokratischen Schutzbund im Februar 1934 wird die Sozialdemokratische Arbeiterpartei verboten. Im Juli 1934 wird Dollfuß bei einem Putschversuch österreichischer Nationalsozialisten im Bundeskanzleramt erschossen.

[3] Dr. Kurt Schuschnigg (1897–1977) war von 1934 bis 1938 Bundeskanzler Österreichs und setzte den autoritären Kurs von Engelbert Dollfuß fort. Er versuchte, die Unabhängigkeit Österreichs von Deutschland zu sichern, wurde aber vor dem „Anschluss" 1938 von Nazideutschland zum Rücktritt gezwungen.

[4] Adolf Schärf (1890–1965), SPÖ, war von 1957 bis 1965 österreichischer Bundespräsident.

[5] Theodor Körner (1873–1957), SPÖ, war von 1951 bis 1957 österreichischer Bundespräsident.

[6] Julius Raab (1891–1964), ÖVP, war von 1953 bis 1961 österreichischer Bundeskanzler.

[7] Leopold Figl (1902–1965), ÖVP, war von 1945 bis 1953 österreichischer Bundeskanzler, von 1953 bis 1959 österreichischer Außenminister, von 1959 bis 1962 erster Nationalratspräsident und von 1962 bis 1965 Landeshauptmann von Niederösterreich.

Die Jugendzeit bei den Kalasantinern war also für Sie sehr prägend?
Durch die Kalasantiner gab es eine umfassende Jugendbildung für alle Bereiche. Wir haben Gottesdienste vorbereitet und mitgefeiert und gar nicht wenige Wallfahrten, aber auch Jugendlager veranstaltet. Wir haben alles Mögliche studiert und diskutiert. Es war, wenn man zurückdenkt, ein reiches Angebot. Ich habe als Bischof auch vielen Pfarren den Rat gegeben, sie sollen Themen anbieten. Von manchen größeren Pfarren höre ich, wenn es ein Thema gibt, sind auf einmal wieder 20, 25 Jugendliche da. Aber nur zu dem Thema.

Man wächst als junger Mensch durch diese Jugendarbeit in die Gesellschaft und in die Verantwortung hinein.
Natürlich.

Man fühlt sich ernst genommen und hat die Möglichkeit, sich zu erproben.
Ich bin dankbar für diese Bildung. Als ich ins Gymnasium gegangen bin, bin ich eigentlich oft von Professoren über meine Meinung zu politischen Vorgängen angesprochen worden.

Maximilian Aichern (Dritter von links) wurde in seiner Jugend sehr von der Pastoral der Kalasantiner in seiner Heimatpfarre St. Josef in Wien 14 geprägt. Auf dem Programm standen damals nicht nur religiöse und politische Bildung, sondern auch Ausflüge und Wallfahrten wie hier im Jahr 1952/53.
Foto: privat

4 Erste Kontakte zu den Benediktinern

Von seinem ursprünglichen Wunsch, Weltpriester zu werden, rückte Maximilian Aichern langsam ab. Begegnungen mit Ordenspriestern, vor allem Benediktinern, waren dafür ausschlaggebend.

Warum sind Sie ausgerechnet Benediktiner geworden?

Warum ich zu den Benediktinern gekommen bin, ist schon eigenartig. Zwei meiner Maturakollegen sind nach der Matura ins Wiener Priesterseminar gegangen und zu gleicher Zeit ein Verwandter von mir ins Kärntner Priesterseminar. Der Verwandte, Walter Leitgeb, er ist jetzt Pfarrer von St. Martin in Klagenfurt, hat zu mir gesagt: „Du gehörst aufgrund deiner Abstammung ins Kärntner Priesterseminar, du musst ein Priester von Kärnten werden." Die Eltern hätten nichts dagegen gehabt. Sie sind von Kärnten nach Wien gezogen. In Wien hat der Vater die Fleischhauerei angefangen in der Nähe der Kalasantiner, das hat sich so ergeben. Ich bin dann in nächster Nähe in die Volksschule und ins Gymnasium gegangen. Wir haben von der dritten bis zur siebenten Klasse den gleichen Religionsprofessor gehabt. In der achten haben wir einen neuen bekommen. Aber der hat sich disziplinär sehr schwer mit uns getan. Er hat angeboten, wir können auch bei ihm maturieren, er wird uns unterstützen. Da haben wir uns zu fünft in Religion zur Matura gemeldet. Der Professor hat uns 50 Fragen gegeben aus der Oberstufe. Ein paar Fragen waren dabei, mit denen ich nichts anzufangen wusste. Eine Frage war „Der heilige Benedikt und sein Werk für Europa". Ich habe zum Professor gesagt: „Das haben wir nie deutlich besprochen." Er erwiderte: „Zur Kirchengeschichte gehört das dazu, denn Benedikt hat sozusagen einen Grundstock für Europa gelegt." Darauf ich: „Aber da muss ich erst etwas lesen." Der Professor meinte: „Im Religionsbuch steht was drinnen und da gibt es ein Benediktinerkloster in Wien, im ersten Bezirk, auf der Freyung, das Schottenstift, da gehst du hin, verlangst einen Pater und der wird dir über die Benediktiner etwas sagen."

Dann bin ich wirklich an einem Sonntagvormittag in das Schottenstift hinein, hinten bei der Kirche. Gleich darauf war eine Messe und dann habe ich gesehen, dass im Laufe der Messe, gegen die Kommunion zu, ein alter Pater aus dem Beichtstuhl heraus und bei der Tür hinaus auf die Straße geht. Ich bin ihm gleich nach und hab gesagt: „Ich suche wen von den Benediktinern, der mir ein paar Sachen über den heiligen Benedikt sagt." Dann schaut er auf die Uhr. „Eigentlich hätte ich eh ein bisschen Zeit, aber entschuldigen, ich muss zuerst auf das Klo gehen." *(Er lacht.)* Dann ist er in der Klosterpforte verschwunden. Als er wieder heraus gekommen ist, sind wir in ein Sprechzimmer gegangen und er hat mir ein paar Sachen erzählt und hat mir Bücher genannt, wo man etwas nachlesen könnte. Die habe ich mir dann auch besorgt. Also der erste Kontakt mit den Benediktinern war vor meiner Matura. Aber die Frage nach Benedikt ist dann gar nicht gekommen.

Gab es bei diesem ersten Kontakt mit den Benediktinern schon so etwas wie einen Funken, der übergesprungen ist?
Persönlich habe ich mich damals mit dem Gedanken getragen, entweder ins Priesterseminar nach Kärnten oder nach Wien zu gehen. Aber dann ist daheim die Diskussion gewesen, wer das Geschäft übernehmen soll. Die Mutter hat gesagt: „Ach, bleib daheim, arbeite ein oder zwei Jahre, dann sieht der Vater wenigstens, dass du seine Arbeit schätzt, vielleicht steigt dann deine Schwester ein." Und so war es auch. Gerade in diesen dreieinhalb, vier Jahren, wo ich noch daheim war, Berufsschule und Gesellenprüfung gemacht habe, gab es ein intensives Pfarrleben mit der Pfarrjugend. Wir haben auch zwei-, dreimal im Jahr größere Ausflüge gemacht von der Pfarrjugend und jedes Jahr ein Mal eine Wallfahrt nach Mariazell. In Mariazell bin ich draufgekommen, dass dort die gleichen Priester wie in St. Lambrecht[1] sind. St. Lambrecht kenne ich von Kindheit an. Da sind die Verwandten aus dem Gurktal an gewissen Tagen immer hingefahren zum Rosshandeln, zum Kälberhandeln und so weiter. Meine Verwandten sind alle Bauern gewesen. Ich bin schon als Kind ein paar Mal mit und habe das Stift gesehen. Ich habe immer mehr Herz entwickelt für die Heimat meiner Ahnen in Kärnten als für Wien. Dann bin ich im nahen St. Lambrecht eingetreten. Der Vater hat gemeint: „Du bist ein Stadtbub, du kommst dort am Land nicht mehr zurecht, nach einem halben Jahr stehst wieder da." Ist aber nicht der Fall gewesen *(er lacht)*. Als ich Theologie studiert habe und mich der Abt zuerst nach Salzburg geschickt hat, war der Vater ganz weg. „Aufs Land schicken sie dich zum Studieren! Wenn sie dich wenigstens nach Wien geschickt hätten!" Als ich nach Rom gekommen bin, war er zum ersten Mal zufrieden.

Der Vater hat sich mit Ihnen gefreut?
Ja. „Mein Bub darf in Rom studieren", hat er im Wirtshaus weitererzählt. Der Vater hat viele Wirte beliefert von unserer Fleischhauerei aus. Er hat den Wirten gar nicht so viel abkaufen können, wie die uns abgekauft haben an Fleisch- und Wurstwaren. Also ist mein Vater zu ungefähr zehn, zwölf Wirten, die er dauernd beliefert hat, mitunter hingegangen, hat ein Achterl oder ein Viertel getrunken und hat zweien oder dreien, die dort gesessen sind und Karten gespielt haben, auch etwas gezahlt. Öfters ist er halt länger nicht heimgekommen. Wenn die Mutter gewusst hat, er ist in einem Gasthaus in nächster Nähe, dann hat sie uns Kinder ausgeschickt, meine Schwester und mich. Einmal bin ich bei einem

---

[1] Das Benediktinerstift St. Lambrecht in der Obersteiermark nahe der Grenze zu Kärnten wurde 1076 gegründet.

bestimmten Gasthaus hinein, ich kann mich noch erinnern, es war alles voll mit Rauchwolken, weil die alle gepofelt haben. Als ich hineingegangen bin, habe ich gehört, wie einer gesagt hat: „Schau, Aichern, deine Mutti schickt schon deinen Buben, dich zu holen." Dann haben alle gelacht. Der Vater hat gesagt: „Komm her, setz dich nieder, trink noch ein Kracherl." Auf einmal sagt einer von den Leuten, die Karten gespielt haben – ich bin damals schon ins Gymnasium gegangen, dritte oder vierte Klasse: „Herst, Aichern, ich versteh dich nicht, du bist so ein schwarzer Mensch als Geschäftsmann und schickst den Buben in ein rotes Gymnasium?" Und mein Vater sagt darauf: „Wird er auch aushalten."

Ein rotes Gymnasium war es, weil es ein öffentliches war?
Es war ein öffentliches Gymnasium, Astgasse, 14. Bezirk, in der Nachbarpfarre Baumgarten. Die Direktorsposten an den öffentlichen Schulen waren damals nach dem politischen Proporz besetzt. An unserem Gymnasium war ein sozialistischer Direktor. Aber wir haben als Schüler davon nichts gemerkt.

„Höre, mein Sohn, auf die Weisung des Meisters, neige das Ohr deines Herzens, nimm den Zuspruch des gütigen Vaters willig an und erfülle ihn durch die Tat!"

Beginn des Prologs zur Regel des heiligen Benedikt.

5 Starke Wurzeln durch die Eltern

Die Eltern von Maximilian Aichern führten seit den 1930er Jahren in Wien eine Fleischhauerei. Der Erstgeborene wurde nach Kräften gefördert und war als Geschäftsnachfolger vorgesehen.

Waren Ihre Eltern unternehmungslustige Personen? In den 1930er Jahren, einer wirtschaftlich sehr schwierigen Zeit, von Kärnten nach Wien zu gehen und ein Fleischergeschäft aufzumachen, das hätte schief gehen können.
Das stimmt auch. Ich sehe als kleines Kind den Vater noch, wie er mit dem Rad, einen Buckelkorb, einen sogenannten Zeger, umgehängt, wo er die Würste drinnen hatte, zu den Wirten gefahren ist. Erst nach zwei, drei Jahren haben sie ein Auto gekauft.

Waren Kirche und Glaube für Ihre Eltern von Bedeutung?
Ja. Mit der Pfarre haben sie immer Kontakt gehabt. Beide Eltern, Vater[1] und Mutter,[2] kommen aus bäuerlichen Familien, die wirklich praktiziert haben. Von klein auf kenne ich das Pfarrleben, kenne ich die Kirche. Die Eltern haben uns aber nie gezwungen, in die Kirche zu gehen. Meine Schwester und ich haben als Erwachsene ein paar Mal geredet, warum wir uns nie geweigert hatten, in eine Kirche zu gehen. Wahrscheinlich, weil die Eltern nie gesagt haben: „Geht ihr eh, seid ihr eh gewesen, was war denn heute." Sie haben nie nachgeprüft. Miteinander sind wir nur drei, vier Mal im Jahr in die Kirche gegangen. Nach Mariazell auf eine Wallfahrt, nach Maria Enzersdorf, aber in die eigene Pfarrkirche sind wir alle zu verschiedenen Zeiten gegangen. Da war um sieben die Frauenmesse, um acht die Jugendmesse, um neun die Kindermesse und die Männermesse um zehn. Jeder von uns ist in eine andere Messe gegangen.

Nach Geschlechtern getrennte Messen?
Natürlich war es auch gemischt, aber damals in einer Großstadtpfarre hauptsächlich für Frauen, für Männer, für Jugend, für Kinder.

Außergewöhnlich ist auch, dass der Sohn eines Fleischhauers überhaupt auf ein Gymnasium gegangen ist.
Der Vater hat damals im Krieg gesagt, wie er eingerückt war und auf Urlaub zurückgekommen ist, ich war in der vierten Klasse Volksschule: „Dem Buben soll es einmal besser gehen wie uns, der soll jetzt einmal ins Gymnasium gehen,

---

[1] Max Aichern (1903–1980)
[2] Franziska Aichern (1905–1998)

dann wird man schon weitersehen." Der Vater hat gedrängt, dass ich ins Gymnasium gehe, nicht die Mutter. Nach dem Krieg, nach der vierten Klasse, war der Vater wieder daheim. Da wollte er, dass ich unbedingt daheim bleibe, lerne, das Geschäft übernehme. Dann hat die Mutter gesagt: „Jetzt hat er angefangen, jetzt soll er weitermachen." Dann war sie die Härtere.

Dafür haben Sie dann als Schüler schon um drei Uhr früh im Geschäft stehen müssen.
Nicht im Verkauf, aber im Betrieb. Und nicht jeden Tag, zweimal in der Woche.

Hat man damals Schulgeld bezahlen müssen?
Nein, das war gratis, das war ein staatliches Gymnasium. Nur die Bücher haben die Eltern selbst kaufen müssen. Aber meine Bibel habe ich mir vom eigenen Taschengeld gekauft.

Sie hatten also einen starken Vater und eine starke Mutter.
Ja, die Mutter war noch die stärkere *(er lacht)*.

Worin hat sich das geäußert?
Die Mutter hat uns Children schon dirigiert. Sie hat bei den Aufgaben immer nachgeschaut, sie hat Vokabeln geprüft, sie war selber im Ersten Weltkrieg Hauptschülerin, eine Bürgerschülerin. Sie wäre selber gerne Lehrerin geworden, aber die Möglichkeit ist von daheim nicht gegeben gewesen. Sie hat dann im Betrieb alles selbst gemacht, alle Abrechnungen, alle Verkäufe, alle Verbuchungen, da hat man niemand anderen gebraucht. Bei uns hat sie auch nachgeforscht, ob in der Schule alles in Ordnung ist. Der Vater hat sich da wenig gekümmert. Das war alles ihre Sache.

Hat die Mutter Stolz auf Sie gezeigt?
Eltern haben immer eine Freude mit ihren Kindern, da habe ich nichts Besonderes in Erinnerung. Aber als ich in Rom Theologie studiert habe, da sind sie ganz happy gewesen. Als ich dann Kaplan geworden bin, ist diese Happiness wieder gesunken. „Bist da auf dem Land Kaplan, wenn du wenigstens in der Stadt wärest." Als sie mich zum Abt gewählt haben, war es wieder anders.

Sie werden beschrieben als einer, der leicht auf andere zugeht und schnell in Kontakt kommt. Haben Sie das aus der Familie mitbekommen?
Geschäftsleute müssen auf die Leute zugehen, sonst machen sie ja kein Geschäft. Gesprächsbereit waren der Vater und die Mutter.

Meist hat man als Kind in der Familie jemand, sei es eine Großmutter, einen Großvater, einen Onkel oder eine Tante, zu denen man abseits der Eltern eine Nahebeziehung oder eine Seelenverwandtschaft spürt.
Ja, zu den Kärntner Verwandten empfand ich immer eine richtige Seelenverwandtschaft. Die Geschwister der Eltern leben nicht mehr bis auf den jüngsten

Bruder meiner Mutter. Er lebt im Geburtsort meiner Mutter in Oberolberndorf bei Stockerau in Niederösterreich. Auch mit den Cousins und Cousinen haben wir nach wie vor Kontakt. Ein besonderes Naheverhältnis hatte ich auch zu unserer Haushaltshilfe Resi aus dem Burgenland, die Jahrzehnte mit unserer Familie gearbeitet hat.

Zu wem haben Sie sich hingezogen gefühlt?
Zum Bauernhaus, wo die Aichern her sind. Die waren am Sonntag[1] auch da. Leider Gottes ist der jetzige Bauer dort vor einem Jahr mit 61 Jahren gestorben, aber die Bäuerin und der Sohn und einige weitere Cousinen sind von Kärnten heraufgefahren zur Messe samt einigen Kindern und Enkeln. Auch meine Schwester und der Schwager von der Wiener Feuerwehr und deren Kinder und Enkel haben im Dom mitgefeiert. Die kommen da schon alle. Da haben wir schon unsere Verbindung.

Sie kommen mindestens einmal im Jahr alle zusammen?
Einmal im Jahr gibt es ein größeres Familientreffen in Kärnten. Zu den Wienern kommt man öfter, weil man öfter in Wien zu tun hat. Solange die Mutter gelebt hat, bis vor zehn Jahren, habe ich immer versucht, wenn ich in Wien war, wenigstens eine halbe Stunde bei ihr vorbeizuschauen.

Hat Ihre Schwester Edeltraud auch das Gymnasium gemacht?
Nein. Meine Schwester ist in die Hauptschule gegangen und dann gleich in die Berufsschule. Sie hat fortgeführt, was ich abgebrochen habe. Das heißt, die Gesellenprüfung habe ich auch noch gehabt. Sie wurde aber Meisterin.

Hat Sie die Fleischhauerei wirklich interessiert?
Ich habe von Anfang an gewusst, da bin ich nicht ewig dabei. Das haben auch die Eltern irgendwie gespürt.

Haben Sie auch geschlachtet?
Na, freilich. In St. Marx in Wien, im Schlachtviehhof. Das durfte man nach dem Krieg nicht im Hausbetrieb machen.

Es ist schwer vorstellbar, dass Ihnen das Schlachten, so wie man Sie erlebt, leicht gefallen ist.
Na, ja. Das haben wir als Lehrlinge alles machen müssen.

Sie haben die Lehre trotzdem gut absolviert.
Ja, natürlich.

---

[1] Beim Dankgottesdienst am 10. Juli 2005.

Dann war die Schwester so weit, in Ihre Fußstapfen zu treten.

Die Schwester ist dann mit der Hauptschule fertig geworden und hat mit der Fleischerlehre begonnen. Sie hat den Beruf auch durch längere Zeit ausgeübt. Unser Betrieb ist auch heute gutgehend, obwohl er nicht mehr in Familienbesitz ist. In einer verkehrsreichen Straße gelegen, schräg vis-à-vis von einer Kirche, da gehen viele Leute hinein und kaufen sich etwas. Jetzt wohnen in der ganzen Gegend gar nicht so wenige Gastarbeiter. Sie haben natürlich teilweise eine etwas andere Kultur in die Viertel gebracht.

Maximilian war das älteste Kind seiner Eltern. Seine Schwester Edeltraud übernahm später an seiner Stelle das Fleischergeschäft der Eltern. Sie ist nur acht Jahre jünger als ihr Bruder. Die Aufnahme entstand in den Kriegsjahren. Foto: privat

Mit seiner Familie steht Bischof Maximilian immer in regem Kontakt. Zu seinem Dankgottesdienst kam nicht nur die Verwandtschaft aus Kärnten, sondern auch Schwester Edeltraud mit ihrem Ehemann Eduard.   Foto: Franz M. Glaser

Maximilian Aichern in den 1930er Jahren mit seinem Vater im Firmenwagen. Max Aichern war von Kärnten nach Wien gekommen und hatte mit einer Fleischhauerei begonnen. Sohn Maximilian war als Nachfolger vorgesehen.   Foto: privat

Maximilian Aichern bei der Erstkommunion im Jahr 1941. Fotos: privat

Schulzeit in Wien: Maximilian lernte gut und war nach eigenen Angaben in der Schule „immer brav". Wer entdeckt ihn? (Ganz rechts in der vorletzten Reihe.)

Maximilian mit dem Hund Sultan in der Heimat der Großeltern in Kärnten.

Im Elternhaus seines Vaters im Kärntner Gurktal verbrachte Maximilian Aichern viele Ferien und einen Gutteil seiner Kindheit. Fotos: privat

Mit der Aichern-Großmutter in Kärnten in den späten 1930er Jahren.

Das Haferschneiden bei den Verwandten in Kärnten war selbstverständliches Ferienprogramm für Maximilian (rechts vorne) aus Wien.

Die Beziehungen zur Familie waren Maximilian Aichern immer wichtig. Auf diesem Familienbild anlässlich des 90. Geburtstages des Großvaters sieht man neben Maximilian (letzte Reihe, Zweiter von rechts), seinen Vater Max (rechts vor ihm), seine Mutter Franziska (erste Reihe, Zweite von rechts) und seine Schwester Edeltraud (rechts hinter dem Großvater).

6 Kindheit im Krieg

Als 1932 Geborener erlebte Maximilian Aichern die Kriegsjahre in Wien mit. Viele Momente des Schreckens sind noch gut in Erinnerung.

Ihre Mutter war eigentlich im wörtlichen Sinne das, was man eine Trümmerfrau nennt.
Freilich. Wir waren ausgebombt und sind mit Müh und Not mit dem Leben davongekommen.

Es gab einen Bombenangriff, nach dem das halbe Haus weg war.
Ja. Danach war meine Mutter die Treibende, dass sofort wieder aufgebaut wurde. Das war ein Zinshaus mit der Doppelnummer Reindlgasse 32 bis 34. Auf jeder Seite haben in den Wohnungen etwa vierzehn Familien gewohnt. Es waren gar nicht so wenige Kinder da, fast keine Männer, weil die alle eingerückt waren, nur ein paar alte Opas. Die rückwärtigen Trakte, wo die Küchen waren, sind nach dem Bombentreffer stehen geblieben und der vordere Teil ist auf einer Seite, weil eine Bombe von oben hineingefallen ist, ganz hinuntergestürzt. Aber es war niemand in den Zimmern, alle waren in der Küche, weil man um sieben Uhr abends kocht oder isst. Es ist schon eigenartig. Wären wir im Keller gewesen, wären wir tot gewesen. Wären wir in den Zimmern gewesen, wären wir tot gewesen. Ich war auf der Kellerstiege, die ist stehen geblieben und rechts und links hat es gewankt.

Das war im April 1945.
Am 4. April 1945. Als die Russen nach Wien-West gekommen sind, vier Tage später, hat ja kein Mensch auf der Straße sein können. Da hat man sich auch verkrochen in die hinteren Zimmer oder ist in die größeren Keller gegangen. Die älteren Männer haben aufgepasst, dass keine Russen hineinkommen zu den Frauen und zu den Kindern. Meine Mutter hat rasch von den provisorischen Behörden erreicht, dass aufgebaut wird. Die ganze Straße war durch den Schutt der zerbombten Häuser verlegt. Die Frauen vom Haus haben den Schutt, der da gelegen ist bis zum ersten Stock, mit den Scheibtruhen weggefahren. Die Gemeinde Wien ist gekommen mit Rössern und hat den Schutt weggebracht. Das waren die Trümmerfrauen. Sie waren zu bewundern.

Ihr Vater war in Kriegsgefangenschaft?
Er war das letzte Kriegsjahr bei der Besatzung in Norwegen. Viele aus seiner Kompanie sind in Russland gefallen. Einer von den Offizieren, der nach Norwegen versetzt worden ist, hat einen Koch gesucht. Da hat sich mein Vater als Fleischhauer gemeldet und ist mit ihm nach Oslo. Ich glaube, so ist er am Leben geblieben. Als er nach Hause gekommen ist im Herbst 45, ist der Rohbau schon wieder gestanden und das Geschäft wieder provisorisch gelaufen. In so extremen Situationen sind Frauen wahrscheinlich tüchtiger als Männer.

Wie haben Sie die Kriegszeit insgesamt in Erinnerung? Sie wurden damals langsam ein Jugendlicher.
Als der Krieg angegangen ist, 1939, bin ich in die erste Klasse Volksschule gekommen. Ab 1943 war ich im Gymnasium. In den ersten Jahren ist halt deutsche Ideologie verbreitet worden. Es gab zum Beispiel nicht den Adventkranz, sondern den Julkranz. Es gab nicht die Kerzen eins, zwei, drei, vier in den vier Wochen, sondern vier, drei, zwei, eins, weil dann die Sonnenwende ist und man dann gar keine Lichter mehr braucht. Viele solche Sachen haben wir gehört. Auch die Schüler haben schon eine politische Stunde gehabt und sind eingeweiht worden in die Kriegsschauplätze. Religionsunterricht hat es keinen gegeben in Wien. Aber in die Seelsorgsstunden in der Pfarre bin ich immer hingegangen, da hat die Mutter schon geschaut, dass man hingeht.

Die Aufnahmsprüfung ins Gymnasium habe ich mit Johannes Nedbal[1] zusammen gemacht. Er war später zwanzig Jahre lang Rektor des Anima-Kollegs[2] in Rom. Die erste und zweite Klasse Gym waren wir noch beisammen, dann sind seine Eltern weggezogen.

„Dort, wo Gott – in Respektierung des freien Willens der Menschen – anscheinend machtlos gegen die Übermacht des Bösen und der Vernichtung ist, bleibt er als Schicksalsgefährte in den schwersten Stunden bei uns."

Bischof Maximilian Aichern in der Osterpredigt 1999 aus Anlass der kriegerischen Handlungen im Kosovo.

Die Fliegerangriffe waren oft während der Schulzeit. Da hat man in die Keller laufen müssen. Es war für uns Kinder leider immer eher eine Gaudi, wenn man üben hat müssen, wie man aus den Notschlupflöchern wieder herauskommt, wenn man verschüttet ist. Wenn aber in der Nacht die Sirenen gegangen sind, hat man große Angst bekommen. Man hat gezittert, man hat nicht gewusst, was

---

[1] Prälat Dr. Johannes Nedbal (1934–2002) war von 1981 bis 1998 Rektor des Anima-Kollegs in Rom.
[2] Das Anima-Kolleg in Rom beherbergt deutschsprachige Priester, die von ihren Diözesen zum weiterführenden Studium nach Rom geschickt werden.

wird. Auf den Straßen war es stockfinster wegen der Angriffsgefahr. Damit die Flieger nicht sehen, wo gewisse Teile der Stadt liegen, hat alles verfinstert sein müssen, die Fenster waren mit schwarzem Papier verdunkelt, die Geschäfte durften nicht beleuchtet sein. Das ist durch Jahre so gegangen. Die Leute haben Angst gehabt, auf der Straße zu gehen, wenn es finster geworden ist.

So hat man das Leben gefristet. Am Gymnasium hat es damals Trimester gegeben. Zu Weihnachten, Ostern und Schulschluss gab es Zeugnisse. Das Trimesterzeugnis zu Weihnachten 44 haben wir noch bekommen. Ostern und Schulschluss war dann keine Schule mehr. Mit Jänner 1945 hat sie aufgehört. Da gab es Fliegerangriffe ohne Fliegeralarm, ohne Sirene, es sind einfach Bomben gefallen. Das war zu gefährlich und so haben die Kinder daheim bleiben dürfen. Einige höhere Schulen sind verlegt worden. Zum Beispiel ist mein Gymnasium nach Hallstatt verlegt worden, ins Hotel „Grüner Baum" neben der evangelischen Kirche, das heute noch existiert. Da sind etliche aus meiner Klasse hingekommen. Aber meine Mutter hat mich nicht mitgehen lassen. Sie hat mich nach Oberolberndorf bei Stockerau in ihr einstiges Heimathaus geschickt, wo ich bei den Verwandten wohnte und in Stockerau einige Zeit das Gymnasium besucht habe. Als aber auch die dortige Gegend am 31. Jänner 1945 stark bombardiert wurde, hat sie mich auch dort nicht mehr hingehen lassen. Sie hat gesagt: „Der Vater ist in Norwegen, wir sind in Wien und du bist in Hallstatt oder Stockerau. Was ist, wenn da wer tot ist oder dort? Das geht nicht. Wir bleiben gemeinsam in Wien."

Am 4. April sind wir ausgebombt worden, am 8. April sind in Wien schon die Russen gekommen. Dann ist noch drei Wochen gekämpft worden am Gürtel, dann in der Innenstadt, dann auf der anderen Seite der Donau. Wir haben in einem Kabinett im Parterre unseres zerstörten Hauses gewohnt, neben unserem Geschäft. Wenn man hinaufgegangen ist in den zweiten oder dritten Stock, hat man am Abend immer den ganzen Himmel blutrot gesehen. Der Stephansdom und die Häuser in der Innenstadt haben gebrannt. Das habe ich noch in erschreckender Erinnerung.

Meine Heimatpfarrkirche vis-à-vis wurde auch getroffen. Wenn man aus unserem Haus gekommen ist, wo die drei Stockwerke eingestürzt und auf die Straße gefallen sind, dann hat man aus der Kirche Schreie gehört. Die Kirchenuhr ist stehen geblieben ungefähr sieben Minuten vor sieben am Abend. Um halb sieben war immer Rosenkranz, um sieben war Abendandacht. Es waren eher ältere Frauen drinnen in der Kirche. Da ist mitten ins Dach eine Bombe hinein. Es gab etliche Tote. Einige Schwerverletzte wurden aus den Trümmern geholt. Sie haben gebrüllt in ihren Schmerzen, das hat man über die Straße herüber gehört. Das Rote Kreuz hat aber nicht bis zur Kirche hinfahren können, weil mehrere Häuser zerbombt waren und über die Straße der ganze Schutt gelegen ist. Mitten auf der Straße, ein paar Meter von uns weg, ist noch eine Straßenbahn gestanden, die nicht mehr weitergekommen ist. Sie ist vierzehn Tage dort gestanden, bis die Straße wieder gesäubert war. Inzwischen sind dann die Russen gekommen. Da hat man auch in der Nacht Schreie gehört, von Frauen.

Mit den Nahrungsmitteln war es wirklich beengt. Unmittelbar nach der Bombardierung hat es noch Wasser gegeben, aber dann hat es von selbst aufgehört oder musste abgestellt werden. Dann war kein Wasser mehr da. Das war schon peinlich, am Klo, beim Trinken, beim Kochen. Es hat Hydranten auf der Straße gegeben, da haben sich manche mit Kannen und Kübeln das Wasser geholt, andere haben sich nicht auf die Straße getraut. Die einen haben wieder das Wasser von den anderen gestohlen – alles Mögliche hat es damals gegeben. Unser Kühlraum vom Geschäft ist so halb in der Hausruine oben gehängt. Er war im Parterre und ist dann Richtung Keller hinuntergestürzt. Ein beherzter Mann, ein Onkel von mir, ein Kriegsversehrter, der nachschauen gekommen ist, ist mit einer Leiter hinaufgestiegen und hat sogar den Kühlraum aufmachen können. Er ist bei der Tür hineingeschlüpft und hat praktisch unter Lebensgefahr mehrmals ein paar Fleischstücke und ein paar Würste herausgeholt. Das ist dann für alle Leute im Haus verkocht worden. Die Resi, die in unserem Betrieb gearbeitet hat, hat gekocht, die anderen haben gleich am nächsten Tag mit den Aufräumarbeiten begonnen. Oft sind Tiefflieger gekommen und haben heruntergeschossen. Dann haben sich alle hingeschmissen oder sind in die Hausruine gelaufen. Wir Kinder sind halt auch immer dort herumgelaufen. „Geht da nicht her, geht dort nicht hin, setzt euch nieder und gebt eine Ruhe", hat es geheißen. Wobei ich einer der Älteren war. „Sei du der Gescheitere, beschäftige die Kleinen." *(Er lacht.)*

> „Wir bitten um Vergebung, dass so viele Christen und weitgehend auch die Verantwortlichen in unserer Kirche angesichts der furchtbaren Ereignisse in unserem Land untätig geblieben sind."
>
> **Bischof Maximilian Aichern** zum Gedenken an die Reichspogromnacht 1938 im November 1998 in der Linzer Synagoge.

Das war die Situation. Die Gemeinde Wien ist mit Pferden ausgefahren und hat Wasser in die Bezirke gebracht. Wasser war wirklich sehr rar. „Trink nicht so viel, sonst haben wir morgen wieder nichts." „Ja, wie sollen wir es im Klo machen" *(er lacht)*, das waren immer Fragen von uns Kindern. Ein bisschen was war im Geschäft noch übrig, viel Ware war ja nie da in diesen letzten Kriegstagen. Ein paar Schritte weiter weg war ein Bäcker, der noch Mehl gehabt hat. Der hat halt gebacken, sodass wir bei den Aufräumarbeiten für die Leute aus dem Haus immer Brot gehabt haben. Dann ist ein Onkel gekommen, der desertiert hat auf dem Land draußen, mit einem Koffer voll Eier. Wir haben geglaubt, es ist ein Märchen, dass er einen Koffer voll Eier in der Hand hat.

Wiederaufbau: Nach einem Bombentreffer im April 1945 war die halbe Seite des Hauses eingestürzt, in dem Familie Aichern im Parterre Wohnung und Fleischhauerei hatte. Tatkräftig organisierte Frau Aichern die Wiederherstellung des Hauses. Als Maximilians Vater im Oktober 1945 aus der Kriegsgefangenschaft zurückkehrte, war die Fleischhauerei schon wieder in provisorischem Betrieb. Fotos: privat

Statt Chef im elterlichen Fleischerbetrieb in Wien 14 wurde Maximilian Aichern Priester und Ordensmann. Seine Schwester übernahm an seiner Stelle den elterlichen Betrieb.

7 Entscheidung für das Ordensleben

Der Eintritt in den Orden der Benediktiner war ein wichtiger Meilenstein im Leben des Maximilian Aichern. Er war die Festlegung auf eine seit über neunhundert Jahren gepflegte Lebensform.

Sie wollten immer Weltpriester werden und haben sich dann aufgrund der Kontakte zu St. Lambrecht für die Benediktiner entschieden. Es ist natürlich ein grundlegender Unterschied, ob man Weltpriester oder Mönch wird.

Ich bin aber doch, vergessen Sie nicht, in Ordenspfarren aufgewachsen. In Gurk sind Salvatorianer, in Wien bei den Kalasantinern. Deswegen ist mir das ideal vorgekommen.

Aber als Weltpriester ist man eher „frei laufend"...

So drastisch ist es auch wieder nicht.

... und als Mönch ist man doch sehr eingebunden. Die Benediktiner haben doch auch die Stabilitas Loci[1]?

Ja, freilich.

Gebunden an den Ort, gebunden an die Gemeinschaft, das ist doch eine etwas kleinere, eine engere Welt.

Na gut, die Welt von St. Lambrecht ist der Ort mit dem Kloster und seinen Aktivitäten, die Pfarren der Umgebung, die seit Jahrhunderten zum Kloster gehören und vom Kloster betreut werden, und dann ist noch Mariazell[2].

Stift Altenburg in Niederösterreich ist auch von St. Lambrecht gegründet worden.

Ja, aber Altenburg ist eine selbstständige Abtei. Mariazell ist abhängig von St. Lambrecht.

---

[1] Die Stabilitas Loci bezeichnet die Bindung des Mönches an den Ort seines Klosters und an seine Klostergemeinschaft.
[2] Mariazell wurde 1157 vom Stift St. Lambrecht aus gegründet. Ein Mönch namens Magnus zog mit seiner Marienstatue aus Lindenholz in die Gegend um das spätere Mariazell und errichtete dort seine Zelle. Die „Gnadenmutter von Mariazell" gilt bis heute als „Magna Mater Austriae". Mariazell ist ein viel besuchter Wallfahrtsort.

Es scheint ein netter Zufall, dass ausgerechnet jetzt ein Benediktiner aus Oberösterreich, P. Christian Haidinger, Abt in Altenburg wird.

Das ist interessant. Die ersten Mönche sind 1144 von St. Lambrecht nach Altenburg gekommen, gerufen von der dortigen Stifterin, der Gräfin Hildburga von Rebgau-Poigen.

Was waren Ihre Aufgaben im Orden nach dem Studium?

Ich bin Kaplan in St. Lambrecht geworden und musste auch im Dekanat und im Kreisdekanat für Seelsorgsimpulse für Jugend und Jungschar zur Verfügung stehen. Ich war weiters Religionslehrer in der Landesberufsschule für Maurer und Zimmerer in Murau. Als Kaplan war ich zuständig für die Seelsorge im Fabriksviertel. In St. Lambrecht ist eine Dynamitfabrik mit damals ungefähr 600 Arbeitern.

Der Eintritt in einen Orden scheint eine schwerwiegendere Entscheidung zu sein, als Weltpriester zu werden. Es heißt, die alten Kleider abzulegen und die neuen Kleider anzulegen.

Ja, so wird es im Einkleidungsritus gesagt. Und tatsächlich legt man öffentlich den Rock ab und zieht den Ordenshabit an.

Ein neuer Mensch mit neuem Namen, aber Sie haben Ihren Namen behalten.

Mir hat der Abt meinen Taufnamen gelassen. Er hat gesagt, einen Maximilian hat es im Kloster immer gegeben, weil der heilige Maximilian aus Cilli in der Südsteiermark war, dem heutigen Slowenien. Er soll der Tradition nach Bischof in Lorch[1] gewesen sein.

Mich hat das alte Kloster mit seinen Traditionen, seiner geistlichen und kulturellen Ausrichtung und vor allem seiner Liturgie sehr fasziniert. Auch die Arbeitsweise, die in St. Lambrecht sehr offen ist. Einerseits die Wallfahrtsseelsorge in Mariazell, andererseits die Pfarrseelsorge rund um St. Lambrecht, außerdem die außerordentliche Seelsorge im und vom Kloster aus durch Kurse, durch Tagungen, Exerzitien und Seelsorgshilfen. Der derzeitige Prior ist auch Dechant des ganzen Dekanates, von allen 29 Pfarren. Das alles zusammen ist doch bedeutend.

Welche Inhalte haben Sie im Kloster fasziniert?

Einkehrtage, Kurse zu den verschiedensten Themen und so weiter. Zum Beispiel ist der derzeitige Abt ein Ikonenmaler. Er hat das Ikonenmalen studiert. Zu seinen Ikonenkursen kommen Leute aus dem Inland und dem Ausland. Und dann das Kloster St. Lambrecht selbst. Historisch gesehen liegt St. Lambrecht

---

[1] Lorch, das einstige Lauriacum, ist heute als Pfarre Teil der Stadt Enns. Lauriacum war in der Römerzeit eine bedeutende Garnisonsstadt. Das aufgelassene Bistum Lauriacum hat auch heute noch einen Titularerzbischof, derzeit Erzbischof Girolamo Prigione. Er war langjähriger Apostolischer Nuntius in Mexiko und lebt heute im Ruhestand in seiner Heimat Alessandria. In Lorch legten der römische Beamte Florian und eine größere Anzahl von Mitchristen und Mitchristinnen im Martyrium unter Kaiser Diokletian ein Glaubenszeugnis für Jesus Christus ab. Florian ist Landes- und Diözesanpatron in Oberösterreich.

> „Die geringe Zahl von Kandidaten und Kandidatinnen darf nicht dazu verführen, die kanonischen Auswahlkriterien für die Aufnahme in die Institute des gottgeweihten Lebens zu missachten."

Bischof Maximilian Aichern in seiner Ansprache bei der „Bischofssynode über das gottgeweihte Leben" am 18. November 1994 in Rom.

im alten Kulturraum unseres Südens. Teile der heutigen Steiermark, das heutige Kärnten, das heutige Slowenien, das heutige Istrien, das heutige Friaul waren das Reich der Herzöge von Eppenstein. Das Zentrum war Aquileia, diese altrömische Garnisonsstadt zwischen Udine und Grado. Von dort aus ist das Christentum durch die römischen Soldaten, Kaufleute und Beamten nach Norden getragen worden. Zum Beispiel zu uns, ins Zentrum von Lauriacum an der Donau, dann nach Kärnten, Virunum im Zollfeld, Tiburnia bei Spittal an der Drau, nach Tirol, Aguntum bei Lienz. Das sind sehr große Traditionen. Burg Eppenstein ist in der Nähe von Judenburg, heute noch als Ruine, aber geherrscht haben die Eppensteiner unter anderem vom Schloss in St. Lambrecht aus, heute auch nur mehr eine Ruine. Der letzte Eppensteiner, Herzog Heinrich, ist 1122 in der Stiftskirche von St. Lambrecht bestattet worden. Familienangehörige waren unter anderem Patriarchen in Aquileia. In der Kirche von Gemona gibt es den gleichen Christophorus wie in St. Lambrecht, das muss wohl der gleiche oder ein ähnlicher Künstler gewesen sein.[1]

Diese Zusammenhänge haben mich schon als Schüler fasziniert. Wenn man die Slowenen gehört hat, wenn sie nach Gurk gepilgert sind und in der Krypta ihre Lieder gesungen haben, wo alles so widergehallt hat – da bin ich oft dort gestanden und hab zugehorcht, weil mich das fasziniert hat. Dabei weiß ich auch um manche Dissonanz unter den Volksgruppen. Ich habe mich immer interessiert für diese südlichen Gegenden. Ich bin als Kind schon nach Maria Luschari[2], weil die Verwandten gerne dorthin gewallfahrtet sind. Später bin ich als Jugendlicher einfach ein paar Mal allein mit dem Zug hinuntergefahren und habe mir vieles angeschaut. Io solo, ich allein. Als ich später in St. Lambrecht eingetreten bin, habe ich erst dort durch die Geschichte mitbekommen, wie eng die Verbindungen in den nahen Süden sind. Als mich Kardinal König als österreichischen Vertreter zur italienischen Bischofskonferenz geschickt hat, hatte ich gerade mit den Bischöfen in Friaul und im anschließenden Venetien wirklich engen Kontakt.

---

[1] Bischof Aichern hat bei seinen Pfarrvisitationen in Oberösterreich viele kunsthistorische Notizen zu Kirchen und Anmerkungen zur Kirchengeschichte niedergeschrieben. Sie sind unter dem Titel „Kirchen und Kapellen in den Pfarren der Diözese Linz" vom Linzer Diözesanarchiv herausgegeben worden.

[2] Der Wallfahrtsort Maria Luschari, italienisch Monte Lussari, slowenisch Sveta Višarje, liegt im Dreiländereck Österreich, Slowenien, Italien (Friaul) in der Nähe von Tarvis/Tarvisio/Trbić.

Sprechen Sie die Sprachen des Südens?

Italienisch ja, Slowenisch und Kroatisch kann ich ein wenig. Als ich Abt in St. Lambrecht war, habe ich vom Abtprimas[1] in Rom den Auftrag bekommen, für die jugoslawischen Benediktiner- und Benediktinerinnenklöster zu sorgen. Diese liegen praktisch alle an der adriatischen Küste im heutigen Kroatien. Es sind acht Frauenklöster und ein Männerkloster. Die Frauenklöster waren politisch unbedeutend. Das sind Klöster mit tausend Jahren Geschichte. Die Männer haben vielfach in der Politik mitgemischt. Sie wurden im Laufe der Zeit und zuletzt unter Napoleon alle aufgehoben. Erst nach dem Zweiten Weltkrieg ist wieder ein benediktinisches Männerkloster in der Nähe von Zadar, Cokovac auf der Insel Pasman, entstanden. Vom Süden Österreichs aus sollte ich als Abt mit diesen Klöstern Kontakt halten und manche Hilfe leisten. Da habe ich dann auch etwas Kroatisch gelernt. Die Gottesdienste kann ich nach Vorbereitung in kroatischer und slowenischer Sprache feiern. Wir haben viel helfen können zwischen 1970 und 1981. Bei einem Kloster ist zum Beispiel der Dachstuhl abgebrannt. Wir haben geschaut, dass wir die Bretter ohne Zoll bekommen, haben mit den Behörden verhandelt, bis der Denkmalschutz gesagt hat, okay, das Dach gehört für ein historisches Gebäude. Der kommunistische Bürgermeister hat der oberen Klasse schulfrei gegeben und die Schüler haben die Bretter vom Hafen zum Kloster hinaufgetragen. Da haben sich viele nette menschliche Dinge in diesen für Jugoslawien schwierigen Jahren abgespielt. Deswegen sind auch alle jugoslawischen Bischöfe zu meiner Bischofsweihe gekommen. Diese Aufgabe haben dann für die Frauenklöster mein Nachfolger in St. Lambrecht, Abt Otto Strohmaier, und der Abtpräses, Abt Clemens Lashofer von Göttweig[2], weitergeführt. Wirtschaftliche Hilfe leistet dankenswerterweise immer wieder auch Erzabt Edmund Wagenhofer von St. Peter[3] in Salzburg.

Es gab schon Vermutungen, dass Sie möglicherweise im Ruhestand in eines dieser Klöster nach Dalmatien gehen.

Daran habe ich nie gedacht, wirklich nicht. Aber ich kann mir schon vorstellen, wie diese Vermutung entstanden ist. Der Bischof von Dubrovnik hat vor kurzem kroatische Kinder in Linz gefirmt. Er hat zu mir gesagt: „Mach ein Sabbatjahr, wenn du jetzt zurückgetreten bist. Komm hinunter in die Diözese Dubrovnik, da gibt es schöne Inseln, und auf einer Insel ist ein unbesetzter Pfarrhof, dort kannst du hingehen, dort kannst du kroatische Messen feiern, dort verbessere ein Jahr dein Kroatisch und dann fahre wieder zurück." Das hat er drei, vier Mal

---

[1] Abtprimas der Benediktiner war damals P. Rembert Weakland, der spätere Erzbischof von Milwaukee, USA.
[2] Das Benediktinerstift Göttweig in Niederösterreich wurde 1083 von Bischof Altmann von Passau gegründet. Ob seiner Lage heißt es das „österreichische Montecassino".
[3] St. Peter in Salzburg wurde 696 vom heiligen Rupert als Benediktinerstift zur Missionierung des Raumes der Südostalpen gegründet. Die älteste Institution der Stadt Salzburg wurde 1927 zur Erzabtei erhoben.

> „Kommt einer neu und will das klösterliche Leben beginnen, werde ihm der Eintritt nicht leicht gewährt, sondern man richte sich nach dem Wort des Apostels: Prüft die Geister, ob sie aus Gott sind."

Aus der Regel des heiligen Benedikt.

gesagt, und als er fortgefahren ist, hat er gemeint, „Hand aufs Herz, sage ja." Ich konnte aber nicht ja sagen, das müsste ich erst überlegen.

Ein Sabbatjahr in Kroatien ist eine nette Idee.

Das ist eine nette Idee, im Grunde genommen. Das Heilige Land wäre auch nicht schlecht. Zwei, drei Monate, nicht immer, nicht jahrelang. Nicht mit vielen Autobussen wie bei Pilgerfahrten, wo man die ganze Zeit reden und erklären muss. Kardinal Martini[1] von Mailand ist auch für ein halbes Jahr ins Heilige Land gegangen. Er ist ein halbes Jahr in der École[2] der Jesuiten und ein halbes Jahr ist er wieder in Mailand.

---

[1] Kardinal Carlo Maria Martini (geboren 1927) ist Jesuit und emeritierter Bischof von Mailand. Er ist auch als Bibelwissenschaftler und Autor geschätzt.
[2] Die „École biblique" in Jerusalem widmet sich vor allem der Bibelforschung.

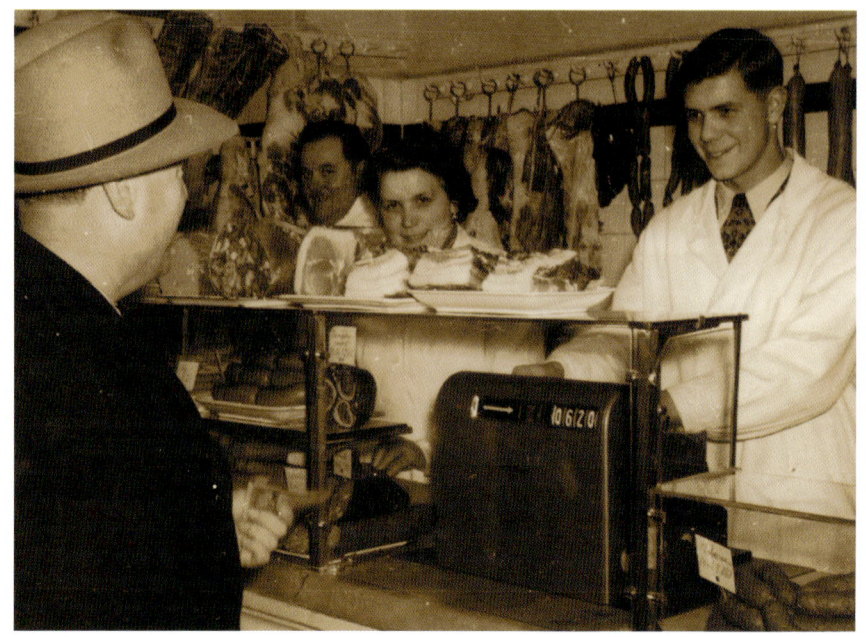

Der Wunsch, Priester zu werden, ging vorerst nicht in Erfüllung. Nach der Matura lernte Maximilian Aichern auf ausdrücklichen Wunsch seiner Eltern (im Bild links von ihm) das Handwerk des Fleischhauers und bereitete sich auf die Übernahme des elterlichen Betriebes vor.

Fotos: privat

Maximilian Aichern OSB bei einem Spaziergang 1961 mit Bekannten. Das Stift St. Lambrecht im Hintergrund war 1954 seine Heimat geworden.

Pater Maximilian leitet als Kaplan eine Fronleichnamsprozession. Im Hintergrund die in seiner Amtszeit als Abt renovierte Kirche von Karchau.

Bischof mit den Menschen

1964 wurde Maximilian Aichern vom Grazer Bischof Josef Schoiswohl zum Abtkoadjutor mit allen Vollmachten und dem Nachfolgerecht des Stiftes St. Lambrecht geweiht.

Schon mit 32 Jahren wurde P. Maximilian zum Abtkoadjutor des Benediktinerkonventes St. Lambrecht gewählt. Er war damals der jüngste Abt der Benediktinerkonföderation weltweit. Fotos: privat

Der Konvent des Stiftes St. Lambrecht im Jahr der Abtweihe von Maximilian Aichern. Rechts von ihm Abt Blaindorfer, dem er als Abtkoadjutor zur Seite stand und dem er als Abt nachfolgte.

Der Konvent des Stiftes St. Lambrecht in den späten 1970er Jahren. Durch viele Neueintritte war es zu einer deutlichen Verjüngung gekommen. Fotos: privat

Auch als Abt von St. Lambrecht ging Maximilian Aichern gerne auf die Menschen zu. Da zieht der Hias (wie sich Bischof Aichern an den Grüßenden erinnert) den Hut.

Abt Maximilian auf einem Porträt in der Äbtegalerie des Stiftes St. Lambrecht. Als Abtpräses der Benediktinerkongregation in Österreich bereiste Abt Maximilian auch die Benediktinerklöster in Österreich.
Foto: Ordinariatsarchiv

Abt Maximilian mit Schülern aus der Landesberufsschule für Maurer und Zimmerer in Murau. Er unterrichtete Religion.

Fotos: privat

1979 traf Abt Maximilian bei der Bischofsweihe von P. Richard Weberberger in Kremsmünster mit dem damaligen Linzer Diözesanbischof Franz Zauner (links) zusammen. Keiner der beiden ahnte, dass sie ab 1982 im selben Bischofshof wohnen würden. In der Bildmitte der damalige Abt Albert von Kremsmünster.

8 Bestellung zum Bischof von Linz

Nach fast 18 Jahren in der Führung des Klosters St. Lambrecht ereilte Maximilian Aichern überraschend der Ruf, Bischof von Linz zu werden. Doch es dauerte, bis seine Entscheidung für eine Annahme dieser Aufgabe reif war.

Um die Geschichte Ihrer Berufung abzuschließen: Bei Ihnen ist eher in ruhiger Gelassenheit gewachsen, wohin Sie der Weg geführt hat.
Eigentlich schon.

Das waren nicht große, einschneidende Erlebnisse …
Nein.

… sondern es ist gewachsen, Sie haben das erwogen, Sie haben das gesehen und sich dann entschieden.
Genauso. Eine Spontanentscheidung habe ich eigentlich nie getroffen. Zum Beispiel, der Apostolische Nuntius[1] ruft mich, ich weiß nicht warum, und dann sagt er: „Der Papst hat Sie zum Bischof von Linz ernannt, sagen Sie Ja." Das konnte ich nicht. Ich habe dem Nuntius dann gleich gesagt: „In Oberösterreich kenne ich fast niemanden. Da kann ich doch nicht hingehen." Er sagt: „Das können Sie ja kennen lernen, Sie sind jung genug. Wie viele Leute kennen Sie in Oberösterreich?" „Ja", sage ich, „das ist traurig, nur die Benediktinerklöster Lambach und Kremsmünster und noch einige Schwestern der Benediktinerinnen von Steinerkirchen." Von den Weltpriestern habe ich zusammengezählt sechs gekannt. Die Seelsorger der Pfarre Garsten kannte ich von Besuchen des Grabes des heiligen Berthold, eines Benediktinerabtes. Und die Prälaten Peham und Kneidinger, beide Finanzkammerdirektoren der Diözese Linz, habe ich von den Finanzsitzungen der österreichischen Kirche gekannt, wo ich für die Benediktiner dabei war und sie für die Diözese Linz. Das ist alles, und die Diözese hat bei 1000 Priester. Das habe ich dem Herrn Nuntius alles gleich gesagt. „Na", hat er gemeint, „nach Hause gehen, beten und nachdenken."

---

[1] Nuntius war damals Erzbischof Dr. Mario Cagna, vorher Pronuntius in Jugoslawien.

Die Ernennung zum Bischof hat Sie also vollkommen unvorbereitet getroffen?

Die Situation war, dass ich an der Monatswende April/Mai 1981 mit dem Abtprimas des Benediktinerordens auf Visitation in den jugoslawischen Klöstern war und fast fünf Wochen von daheim fort. Zur Visitation der neun Klöster haben wir fast fünf Wochen gebraucht. Es gab viele Einzel- und Gemeinschaftsgespräche in den Konventen. Wir mussten zu den Bürgermeistern gehen, zu den Bischöfen, zu den Pfarrern, zu anderen Stellen. Man musste schauen, wie man da und dort spirituell und materiell weiterhelfen kann. Wir waren in Zadar, im Kloster Sveta Marija, als der Telefonanruf gekommen ist. Abtprimas war Viktor Damertz, ein Studienkollege, der spätere Bischof von Augsburg, jetzt auch bereits emeritiert. Ihn habe ich als Konvisitator und Chauffeur allein lassen müssen und bin mit dem Auto, einem VW Käfer, heraufgefahren nach Wien. Nach dem Gespräch mit dem Nuntius bin ich nach St. Lambrecht gefahren und habe einmal darüber geschlafen. Nach Laudes und Gottesdienst am nächsten Tag bin ich wieder zum Nuntius und habe Nein gesagt. Dann hat er noch einmal gesagt, noch einen Tag überlegen. Dann habe ich wieder Nein gesagt. Und habe es auch schriftlich abgegeben und begründet. Das war im Mai. Dann im August ist das Gleiche wieder gekommen und Anfang Dezember noch einmal und dann massiv. Es sei der dezidierte Wunsch des Papstes. Der Nuntius hat gar nicht mehr mit mir geredet. Er hat das Kardinal König übertragen. König hat gesagt, er muss mir sagen, wenn ich jetzt auch noch Nein sage, dann muss ich zum Papst fahren und mit ihm das ausreden. Das habe ich nicht wollen. Draußen im Vorzimmer hat der Ostnuntius, Erzbischof Poggi, gewartet, den der Papst immer in den Osten geschickt hat, um in den kommunistischen Staaten für die Kirche zu sondieren. Der hat auch den Auftrag gehabt, nachzuschauen, warum es weiter zu Verzögerungen kommt bei der Bischofsbestellung[1] in Linz. Kardinal König hat auch mit den Bischöfen Zauner und Wagner[2] geredet. Also gut, dann habe ich doch noch Ja gesagt.

Sagt man dann mit zusammengebissenen Zähnen Ja?

(*Er lacht.*) Also, ich weiß das wirklich nicht mehr, ob ich zusammengebissen habe. Ich habe Ja gesagt.

Wer ist überhaupt auf die Idee gekommen, dass man Sie zum Bischof macht?

Das weiß ich bis heute nicht.

---

[1] Bischof Franz Salesius Zauner (1904–1994) war von 1949 bis 1955 Bischofskoadjutor der Diözese Linz und von 1956 bis 1980 Diözesanbischof in Linz.

[2] Erzbischof Alois Wagner (1924–2002) war von 1969 bis 1982 Weihbischof in Linz, von 1973 bis 1982 auch Generalvikar. Von 1981 bis 1992 war er Vizepräsident des päpstlichen Rates „Cor Unum" in Rom, von 1992 bis 1999 Vertreter des Vatikans bei Einrichtungen der UNO.

„Ich glaube, er ist auch als Bischof Abt geblieben. Seine Stärke liegt in der Begegnung mit den Menschen. Er geht hinaus und sie mögen ihn."

Weihbischof Dr. Helmut Krätzl in seiner Predigt im Gottesdienst zum 20-jährigen Amtsjubiläum von Bischof Maximilian Aichern am 16. Jänner 2002 in Linz.

Es wurde immer erzählt, dass Bischof Weber[1] von Graz der Erfinder des Bischof Aichern war.

Ich will es niemand zuschieben, weder Bischof Weber noch einem anderen Mitbischof. Es kann schon sein, dass ich in Graz auf der Liste[2] gestanden bin und dass das der Nuntius gewusst hat. Aber ich weiß es nicht, weil die Vorschläge geheim bleiben.

Es hat der Gehorsam schlussendlich den Ausschlag gegeben.

Kardinal König war dann der Überzeugende.

---

[1] Bischof Johann Weber war von 1969 bis 2001 Diözesanbischof der Diözese Graz-Seckau. Von 1995 bis 1998 war er auch Vorsitzender der Österreichischen Bischofskonferenz.
[2] Die Liste meint den Dreiervorschlag mit Bischofskandidaten, den die Bischofskonferenz und ein amtierender Diözesanbischof regelmäßig nach Rom schicken müssen.

Bischof mit den Menschen

18. Dezember 1981: Pressekonferenz mit dem neu ernannten Bischof der Diözese Linz, Maximilian Aichern (Bildmitte). Sein Vorgänger, Bischof Franz Zauner (links), und der damalige Weihbischof Dr. Alois Wagner (rechts) präsentierten nach achtzehn Monaten Sedisvakanz den neuen Hirten der Diözese.

Fotos: Diözesanarchiv

Vor seiner Weihe zum Bischof machte sich Maximilian Aichern mit den Gegebenheiten im Linzer Dom vertraut. Unter anderem dabei: Dompropst Prälat Franz Vieböck (rechts) und Domvikar Walter Gottwald (links hinten).

Bischofsweihe am 17. Jänner im – bitterkalten – Linzer Dom. Kardinal Dr. Franz König leitete die Liturgie und weihte den neuen Bischof. Rechts von ihm der Linzer Weihbischof Alois Wagner. Rechts von Bischof Maximilian Pfarrer August Wurm, links Prälat Franz Vieböck.

Ein starkes Zeichen: das Evangelienbuch auf den Schultern des neuen Bischofs. Sein Dienst ist dem Evangelium verpflichtet.

Bischof mit den Menschen

In der Weihezeremonie ruft die Gemeinde alle Heiligen an. Währenddessen liegt der Weihekandidat vor dem Altar und berührt den Boden mit seiner Stirn als Zeichen seiner Hingabe.
Fotos: Diözesanarchiv

„Ich will ein Mann des Friedens, der Gesprächsbereitschaft und des Verstehens sein. Ich will beitragen, dass Brücken zwischen den verschiedenen Meinungen gebaut werden. Ich will euer aller Bruder im Glauben sein." Bischof Maximilian formulierte in seiner ersten Ansprache ein klares Programm für sein Amt. „In caritate servire", in Liebe dienen, wurde sein Wahlspruch.

Kardinal Franz König weihte Maximilian Aichern 1982 zum Bischof von Linz. Alle österreichischen und viele Bischöfe aus dem Ausland waren bei dieser Weihe dabei.

Zur Weihe von Abt Maximilian Aichern zum Bischof von Linz war natürlich auch seine Familie gekommen. Auf dem Bild ganz rechts: seine Mutter und seine Schwester mit ihrer Familie.

Foto: privat

Bischof mit den Menschen

Das Domkapitel, das wichtigste Beratungsgremium des Diözesanbischofs, bestand im Jahre 1984 aus (von links) Kanonikus Gottfried Schicklberger, Prof. Dr. Johannes Singer, Generalvikar Mag. Josef Ahammer, Bischof Maximilian, Altbischof Franz Zauner, Prälat Hermann Pfeiffer, Ehrendomherr Reinhard Brzoska, Prälat Ludwig Kneidinger, Ehrendomherr Johann Schicklberger, Kanonikus DDr. Peter Gradauer, Kanonikus Josef Wiener, Dompfarrer Johannes Bergsmann.

Foto: Diözesanarchiv

9 Leben im Geiste Benedikts

Die Ordensregel der Benediktiner enthält viele Anweisungen, wie der Abt sein Amt auszuführen hat. Bischof Maximilian Aichern misst der Ordensregel für seine gesamte Lebensführung große Bedeutung zu.

Waren Sie gerne Abt?

Ich hätte keinen Grund gehabt zurückzutreten. Wirklich nicht. Wenn ich geblieben wäre, wäre ich jetzt aber auch schon emeritiert. Für Benediktineräbte endet die normale Amtszeit mit 70 Jahren. Ich bin 1964 gewählt worden, ich hätte dann im Jahr 02 zurücktreten müssen. Aber jetzt bedenken Sie, 38 Jahre, das wäre doch genug. Eine Altersbegrenzung hat schon ihren Sinn.

Wenn man Mönch wird, geht man auch in der Absicht, in einer Gemeinschaft zu leben, in ein Kloster.

Natürlich, ja.

Als Bischof muss man diese Gemeinschaft aufgeben. Und findet sich plötzlich mehr oder weniger alleine vor, oder?

Es kommt darauf an, was für ein Mensch man ist. Wenn man zu anderen keinen Kontakt findet, dann ist man wirklich allein. Ich habe mir von Anfang an gedacht, im Gegensatz zu anderen Bischöfen, die von ihrer Diözese oder ihrem Kloster jemand mitgenommen haben, der dann auch in der anderen Diözese zum Beispiel Sekretär gewesen ist, das tue ich nicht. Denn dann würden die Oberösterreicher sagen: „Hält der uns nicht für so gescheit, dass wir mit ihm zusammenarbeiten können?" Ich muss dort hingehen und mit den Leuten, die ich dort vorfinde, zusammenarbeiten. Genauso habe ich es dann gemacht.

Was hat Sie benediktinisch am meisten geprägt, das auch in Ihrer Amtsführung als Bischof noch spürbar war?

Ich denke, das Geistliche ist es, die Ordensregel des heiligen Benedikt, der sozusagen ein Mahner zur Gelassenheit in Gott ist. Das ist das Maßgebliche. Den Benediktiner macht nicht nur das Kloster aus, sondern auch die Lebenshaltung, wie sie der heilige Benedikt beschreibt. Manche Benediktiner müssen außerhalb des Klosters leben, weil sie bestimmt sind als Bischöfe, als Theologieprofessoren oder als Pfarrer. Das Klostergebäude allein macht den Mönch noch nicht aus. Aber die geistige Haltung, so wie es die Ordensregel des heiligen Benedikt darlegt. Das gefällt mir. Der neue Papst hat zeit seines Lebens mit dem Benediktinerkloster Scheyern[1] eine enge Verbindung gehabt. Jetzt hat er den Namen Benedikt gewählt. Immer wieder zitiert er aus der Ordensregel des heiligen Benedikt etwas, das auch für alle Christen bedeutsam ist.

Was ist an der Ordensregel des Benedikt auch für Laien bedeutsam?
Bedeutsam ist doch, Christus im Leben nichts vorzuziehen, den Glauben wirklich für etwas Integrierendes in seinem Leben zu halten. Oder, das kommt in der Regel nicht geschrieben vor, geht aber aus dem Geist der Regel hervor, dieses „Ora et labora", „Bete und arbeite". Man braucht die geistliche Dimension, man muss aber auch etwas tun im Kloster. Der eine in der Wissenschaft, der andere vielleicht in der Wirtschaft oder im Garten, wieder andere in der Seelsorge. „Bete und arbeite" umfasst die geistliche Dimension und die Dimension des tätigen Lebens. Ich kann mich erinnern, dass uns jemand einmal gefragt hat: „Was ist das Wichtigste am ‚Bete und arbeite'?" Dann haben wir herumgeraten und der andere hat gesagt: „Falsch, das *und* ist das Wichtigste. Weil beides, Gebet und Arbeit, zusammengehört."

Christus nichts vorzuziehen, ist der erste Leitsatz, von dem her dann die anderen Ausformungen in der benediktinischen Regel verstehbar werden. Es geht in der Benediktregel sehr rasch und sehr intensiv um die Demut, um den Gehorsam. Diese kann man ja auch unterdrückend verstehen, auch innerhalb einer Gemeinschaft wie einem Orden.
Es wird immer auf die spirituelle Haltung ankommen und auf die menschliche Dimension der Nächstenliebe. Ein Mobbing darf es nicht sein, das wäre sündhaft.

Christus nichts vorzuziehen, muss auf alle Beziehungen und immer auch auf die Auslegung der Regel angewendet werden.
Ganz richtig, ganz genau so. Sie nennen die Demut, das kommt vom Dienen. Ein Dienst als Abt, als Mönch, für seine Pfarrgemeinde oder für andere Bereiche geschieht in Zusammenarbeit mit anderen. Ich muss den anderen ihren Rahmen zuweisen, auch sie befragen, weil auch sie ihre Erfahrungen haben. Dienen heißt auch auf andere hören und das dann integrieren. Auch wenn man die letzte Verantwortung hat. Demut, Dienen, Herrschen und der Gehorsam wurzeln in der gleichen Haltung sich selbst und anderen gegenüber. Das schreibt auch der heilige Benedikt. Er wünscht, dass im Kloster alles gemeinsam beraten wird, denn mitunter gibt Gott auch einem Jüngeren ein, was das Bessere ist. Deswegen dürfen alle zu Wort kommen.

Das haben Sie auch in das Leitungsmodell der Diözese übertragen?
Ich denke schon. An und für sich ist das doch etwas Selbstverständliches. Die letzte Verantwortung hat natürlich der Bischof, hat der Abt.

---

[1] Das Kloster Scheyern liegt in Bayern.

> „Die Erfahrung von Prüfungen, mögen sie die Gemeinschaften von innen oder außen gezwungen haben, Auftrag und Sendung in der Kirche und für die Welt neu zu erfassen, haben zeitgemäße Formen des Apostolats erschlossen und zu einer neuen Blüte geführt."

Bischof Maximilian Aichern in seiner Ansprache bei der Bischofssynode „Über das gottgeweihte Leben" am 18. November 1994 in Rom.

Das kommt in der Regel so vor: „So wisse der Abt, die Schuld trifft den Hirten, wenn der Hausvater an seinen Schafen zu wenig Ertrag feststellen kann."
Das ist eine große Herausforderung für jeden Hirten.

Das umfasst die Verantwortung. Dann wird ausgelegt, wie der Abt sein Amt ausüben soll, damit es zu Ertrag kommt.
Man darf die anderen nicht überfordern, das sagt auch der heilige Benedikt. Weil sie nicht mehr weiterkönnen, wenn zu viel von ihnen gefordert wird. Es muss schon menschenmöglich zugehen. Der Würde der Menschen gemäß, weil alle Kinder Gottes sind und nicht Dienstboten des Abtes oder des Bischofs. Das muss man sich immer vor Augen halten.

Man würde das Christentum falsch verstehen, wenn man den Menschen nicht wichtig nähme. Wenn wir sagen, wir glauben an einen menschgewordenen Gott, dann ist die Würde des Einzelnen etwas ganz Zentrales.
Natürlich.

Auch Cardijn wird einmal so zitiert: Die Aufgabe des Priesters ist nicht, zu herrschen, sondern zu beseelen.
Das ist besonders wichtig. Diesen Spruch habe ich ein paar Mal verwendet bei geistlichen Assistenten. Cardijn hat uns wirklich damals in der Jugendzeit, in meiner Heimatpfarre und bei der KAJ in Wien, beseelt. Vom Wort Gottes im Evangelium her hat er uns geholfen. Und mit seinem „Sehen – Urteilen – Handeln". Jetzt kommt meist noch das Feiern dazu. Obwohl es damals nicht dabei war, haben wir es trotzdem gemacht.

In der Benediktregel gibt es noch eine ganze Reihe von Verhaltensanweisungen wie: nicht zürnen, nicht eifersüchtig sein, nicht falsch aussagen und so weiter.
Da werden praktisch die Gebote wiederholt.

Bischof mit den Menschen

> „Der Abt muss wissen, welch schwierige und mühevolle Aufgabe er auf sich nimmt: Menschen zu führen und der Eigenart vieler zu dienen. Muss er doch dem einen mit gewinnenden, dem anderen mit tadelnden, dem dritten mit überzeugenden Worten begegnen."

Aus der Regel des heiligen Benedikt.

Eine ist, die Alten zu ehren und die Jungen zu lieben. Ihr Umgang mit Altbischof Franz Zauner war ganz offensichtlich von Ehrerbietung geprägt.
Wir haben ja gemeinsam im Haus gelebt.

Sie haben ihn immer mitgenommen in den Dom.
Solange es gegangen ist. Obwohl er dann schon manchmal ganz durcheinander war, auch im Dom.

Was ehren wir in den Alten?
Im Mitmenschen kann man immer Christus ehren, sehen und begegnen.

Und die Jungen lieben heißt?
Sie anleiten zu einem Leben in Würde auch mit Gott und den Mitmenschen. Ihnen helfen, ins Leben einzusteigen und Gott und die Mitmenschen zu sehen. Jeder soll seine Talente und Fähigkeiten erkennen, fördern und zum Wohl der anderen einsetzen. Benedikt hat in einer Zeit der Völkerwanderung die Menschen sesshaft gemacht, einerseits durch das Leben im Kloster, andererseits durch die Entwicklung einer agrarischen Kultur. Da hat er Gott und die Mitmenschen in den Mittelpunkt gestellt. Es waren Junge und Alte im Kloster, Freie und Sklaven. Alle hat er eigens behandeln müssen. Wie viele unterschiedliche Menschen er im Kloster gehabt hat, auch wirklich widerspenstige. Die hat er gezüchtigt mit Schlägen, wie es damals noch üblich war. Das kann man heute nicht machen. Heute müssen wir mit positiven Gesprächen unsere Mitmenschen geistig in die Verantwortung nehmen. Man muss oft auch etwas zurechtweisen, im Kloster und auch in der Diözese. Aber man kann alles so sagen, dass es nicht beleidigend ist. Auch wenn manchmal die Geduld und eine andere Meinung strapaziert werden.

Entspringt es auch dem benediktinischen Geist, dass Sie, wenn es um Ihre Person und um Ihre Leistung geht, sehr zurückhaltend reagieren und es gar nicht gerne haben, wenn das aufgezählt wird.
Also, das ist wirklich schrecklich. Diese Verdienste, die da oft aufgezählt werden, habe ich meiner Meinung nach gewiss zu einem beachtlichen Teil alle

nicht. Wenn ich zum Beispiel allein das Sozialwort und den Sozialhirtenbrief geschrieben hätte, hätte das vermutlich nicht so einen Widerhall gehabt, wie es durch die gemeinschaftliche Erarbeitung erreicht werden konnte, durch das viele ökumenische Wissen, durch die Diskussion mit der Öffentlichkeit, mit Politikern in Bund und Ländern und mit den Sozialpartnern. Es war gut, dass man das gehört und mit dem Evangelium konfrontiert hat. Das können nur viele Leute gemeinsam machen. Einzelne haben zu einzelnen Passagen ihre Anmerkungen gemacht, ich auch. Ich habe vornehmlich mitgesorgt, dass der Prozess nicht gestoppt wird, dass nichts eskaliert, wenn Schwierigkeiten in der Meinungsbildung entstanden sind.

Auch auf Auslandsreisen besuchte Bischof Maximilian Aichern immer wieder Kranke, wie hier Kardinal Todea in Rumänien. Foto: Fellinger

Zum 85. Geburtstag von Altbischof Franz Zauner versammelten sich 1990 unter anderem Kardinal Hans Hermann Groer (links), der Apostolische Nuntius Donato Squicciarini (3. von links) und der Salzburger Erzbischof Georg Eder (2. von rechts) im Linzer Bischofshof. Bischof Aichern begegnete seinem Amtsvorgänger stets mit großer Hochachtung. Rechts hinter Bischof Zauner Sr. Korsina, die den Altbischof lange gepflegt hat. Fotos: Diözesanarchiv

Im „Jahr der Caritas" 1996 lädt Bischof Maximilian Linzer Obdachlose zu einem Mittagessen ein und macht so auf ihr Schicksal aufmerksam.

Der „Sonntag der Völker" war Bischof Maximilian jedes Jahr ein großes Anliegen. Er ermutigte Menschen aus anderen Ländern stets, ihre Identität zu wahren und zu pflegen. Links hinter ihm der Nationaldirektor der fremdsprachigen Seelsorge, Dr. Laszlo Venscer. Die Damen sind in slowenischer Tracht gekleidet. Foto: Franz M. Glaser

Zur Weihe des neuen Bischofs von Budweis 1990 reiste Bischof Maximilian mit seinen Kollegen Bischof Eder aus Passau (vorne rechts), Bischof Zak aus St. Pölten (hinten rechts) und Bischof Sokol aus Trnava (Slowakei) (hinten links) an.

Der Kontakt zu den Partnerdiözesen wurde durch viele Besuche gestärkt. Die Diözese Mostar besuchte Bischof Maximilian unmittelbar nach dem Krieg. Von links: Caritasmitarbeiterin Sigried Spindlbeck-Luger, ein Mitarbeiter der Caritas Mostar, Bischof Maximilian, Caritasdirektor Josef Mayr, Caritasdirektor Don Kreso Pulijc. Foto: Caritas

Die Katastrophe von Tschernobyl zeige die Grenzen des Machbaren auf, betonte Bischof Maximilian in einem Schreiben. Er ließ den Worten Taten folgen und besuchte das hoch verstrahlte Weißrussland. In einem Kindergarten lernte er die „Kinder von Tschernobyl" kennen. Rechts auf dem Bild Natalia Kasarzewa, Mitarbeiterin der Caritas Minsk, ganz links Caritasdirektor Josef Mayr. Foto: Mayrhofer

10 | Der Empfang in Linz

Maximilian Aichern wurde als Fremder gesehen, als er 1981 nach Linz kam, und er fühlte sich auch selbst so. „Ich komme mir vor wie Abraham, der in ein fremdes Land geht", sagte er bei seinem ersten Radiointerview in Linz. Sein Amtsantritt stieß nicht auf einhellige Begeisterung.

Es wird immer wieder berichtet, der erste Empfang für Sie in Linz sei kühl gewesen. Haben Sie das auch so in Erinnerung?

Ich habe mir nicht vorstellen können, dass ich als Bischof in ein Land gehen soll, wo ich fast niemand kenne. Es war auch ein prominenter Weihbischof hier, der an der Seite von Bischof Zauner sehr intensiv gewirkt hat. Warum dann ein Fremder? Über die Frage, ob Weihbischof Wagner Bischof Zauner nachfolgen soll, hat es heftige Diskussionen gegeben.

War Ihnen das bekannt, als Sie gefragt wurden?

Das war mir bekannt, das haben wir auch in den anderen Diözesen gewusst. Es hat sich dann so ergeben, dass der Papst jemand Kompetenten für Entwicklungshilfe in der Weltkirche gesucht hat. Weihbischof Wagner hat den kirchlichen Entwicklungshilfedienst in Österreich[1] im Auftrag von Kardinal König aufgebaut. Der Papst hat Weihbischof Wagner nach Rom für diesen weltkirchlichen Dienst berufen, den er sehr qualifiziert durch Jahre hindurch geleistet hat. Und ich sollte als Bischof nach Linz kommen, weil es der Papst gewünscht hat.

Aber es hat trotzdem gedauert bis zur Entscheidung.

Das Ganze hat sich fast ein Jahr hingezogen. Eineinhalb Jahre war Sedisvakanz[2], das hat es kaum sonst irgendwo gegeben. Also habe ich dann doch Ja gesagt. Aber auch nicht sofort. Das hat wieder drei oder vier Tage gedauert. Weil das nicht in meinem Sinn war.

---

[1] ÖED, der Österreichische Entwicklungshilfedienst (jetzt „Horizont 3000"), entsendet Mitarbeiter und Mitarbeiterinnen in Länder des Südens zur Ausbildung und Beratung der dort heimischen Bevölkerung, vor allem in den Bereichen Landwirtschaft, Gesundheit, Bildung, Jugend, Technik und Dorfentwicklung.

[2] Sedisvakanz bezeichnet die Zeit zwischen dem Rücktritt des alten und der Amtsübernahme eines neuen Bischofs.

Gab es wichtige Personen, auf deren Rat Sie gehört haben?

Nein, da hat man mit niemand zu sprechen. Laut römischer Vorschrift hat man das allein zu entscheiden. Man darf sich höchstens mit dem, der einem die Nachricht überbringt, oder dem persönlichen geistlichen Begleiter beraten.

Das ist eine harte Bedingung.

Das ist es auch, aber es muss die Diskretion und die Freiheit der eigenen Entscheidung gewahrt bleiben.

Es kam die Ernennung.

Am 15. Dezember 1981 kam die Ernennung, am 17. war zu Mittag die Veröffentlichung der Ernennung und das erste ORF-Interview dazu, und am 18. bin ich zum ersten Mal nach Linz gekommen.

Was geht einem durch den Kopf, wenn man zu so einer Gelegenheit anreist? Man weiß, man ist unbekannt, von manchen auch nicht unbedingt gewollt.

Nach Linz zu fahren, ist nicht so schrecklich gewesen, weil man die Gegend gekannt hat, von den Besuchen in den anderen Klöstern. Als Abtpräses hat man immer wieder in Kremsmünster zu tun gehabt, in Lambach, in Steinerkirchen, bei Professen, Visitationen, Besprechungen und Kongregationssitzungen. Seinerzeit bin ich in Subiaco bei Kremsmünster zum Abtpräses gewählt worden. Ich habe mich dann den Diözesanbischöfen, in deren Diözesen Benediktinerklöster sind, vorgestellt. Da war ich auch bei Bischof Zauner. Zauner hat zu mir gesagt: „Sie sind also der neue Abtpräses. Bei Ihrer Abtwahl damals waren Sie noch der Erstkommunikant unter den Äbten, jetzt sind Sie der Firmling." Wir haben darüber beide sehr gelacht. „Na, dann arbeiten wir halt gut zusammen, wenn irgendetwas notwendig ist", hat Bischof Zauner gesagt, und dann war ich auch schon wieder draußen. *(Er lacht.)*

Überlegt man sich eine Strategie, wenn man weiß, es könnte Gegenwind geben?

Ich habe mir nie zu viele Strategien überlegt. Ich bin einfach überall hingegangen und dann hat man ja gesehen, wie viel es geschlagen hat. Das weiß man nicht im Vorhinein.

Am 17. war die Bekanntmachung. Dann habe ich gleich nach 12 Uhr mit Bischof Zauner telefoniert und wir haben vereinbart, dass ich am nächsten Tag komme. Dann haben wir am Abend noch einmal telefoniert, um wie viel Uhr ich kommen solle. Am nächsten Tag hat das ganze Domkapitel mit Bischof und Weihbischof bei der Pforte des Bischofshofes auf mich gewartet. Alle von damals sind schon gestorben. Dann sind wir heraufgegangen ins Kardinalszimmer zu einer Besprechung mit dem Domkapitel. Weihbischof Wagner ist mit mir zur Landesregierung ins Landhaus gegangen. Dort war gerade Regierungssitzung. Es waren alle Landesräte mit dem Landeshauptmann Josef Ratzenböck und Landeshauptmannstellvertreter Rupert Hartl versammelt. Es gab gute Grußworte von allen Seiten. Auch der Besuch beim Linzer Bürgermeister Hillinger war sehr freundlich und thematisch interessant. Dann war im Bischofshof die Pressekonferenz. Da sind viele Fragen gekommen. Wir Bischöfe wurden schon

„Die Amtsführung Bischof Aicherns ist geprägt durch Zusammenarbeit und Dialog, durch Ausschöpfung der Mitverantwortung aller Gläubigen, durch die Förderung des Miteinanders von Priestern und Laien je nach Kompetenzen und Fähigkeiten sowie der Mitbestimmung und des Laienapostolats durch Offenheit und Brückenschlagen auch und gerade gegenüber Andersdenkenden und Fernstehenden."

Univ.-Prof. DDr. Helmuth Pree, Dekan der Katholisch-Theologischen Fakultät der Universität Passau anlässlich der Verleihung der Ehrendoktorwürde an Bischof Maximilian Aichern am 13. Juli 1993.

in die Zange genommen. Es wurde intensiv gefragt, wer im Dreiervorschlag genannt worden war. Dies konnte aber aufgrund der geforderten Diskretion von den Linzer Bischöfen nicht beantwortet werden. Ich wurde konfrontiert mit der Aussage des damaligen Generaldechanten Marckhgott von Enns, der gesagt hat, es sei eine Demütigung für die Diözese durch Rom, dass ein Fremder als Bischof eingesetzt wird. Gerade Generaldechant Marckhgott aus Enns-Lorch war dann sofort ein loyaler und liebenswürdiger Mitbruder in der Zusammenarbeit. Am Nachmittag machte ich mit Weihbischof Wagner noch einen Besuch bei der Vorstehung und den Alumnen des Priesterseminars. Auch die Mitarbeiter und Mitarbeiterinnen im Bischofshof konnte ich erstmals gemeinsam treffen. Insgesamt empfand ich den Empfang für mich nicht als unfreundlich.

Gab es nicht auch von der KA und deren Präsident Ploier[1] eine wenig positive Stellungnahme zu Ihrer Ernennung?
Ploier hat sich anfänglich ähnlich geäußert. Obwohl er mir interessanterweise längere Zeit später Folgendes erzählt hat, das mir bis heute rätselhaft ist. Die Diözese Graz hat im Sommer 1981 einen Katholikentag gefeiert, da waren natürlich auch wir steirischen Äbte mitbeschäftigt. Der Verlag Styria[2] hat einen Styria-Corner in der Grazer Innenstadt eingerichtet, wo viele Leute zusammengekommen sind. Dort war auch Ploier. Styria-Generaldirektor Sassmann hat ihn mir vorgestellt. Ploier hat mir später erzählt, damals hätten ihm ein paar

---

[1] Direktor Eduard Ploier (1930–1998) war langjähriger Direktor des Bildungshauses Schloss Puchberg und in zahlreichen kirchlichen Funktionen viele Jahre tätig, z. B. als Präsident der Katholischen Aktion Österreichs oder Vorsitzender des ÖED.
[2] Die Styria Medien AG, 1889 in kirchlicher Trägerschaft gegründet, ist heute der drittgrößte Medienkonzern Österreichs.

Leute gesagt: „Schau dir den gut an, der könnte Bischof von Linz werden." Das war im Juli 81. Und die erste Befragung an mich war im Mai 81. Vielleicht ist da irgendwohin etwas durchgesickert. Ploier hat gesagt, damals hat er mich zum ersten Mal gesehen und hat mich gemessen.

Bei der Bischofsweihe hat man von Ressentiments im großen Stil nichts mehr gehört. Die Katholische Aktion hat einen Empfang gemacht im Haus der Frau. Da haben Präsident Ploier und der Geistliche Assistent Ernst Bräuer[1] gesprochen. Es war wohl ein bisschen etwas Stacheliges dabei, aber nichts, wo man sagen könnte, das ist unmenschlich. Wirklich nicht. Ploier hat immer gesagt, was er sich denkt, aber er war sehr loyal und ein tatkräftiger kirchlicher Mitarbeiter in der Diözese Linz und auf Österreichebene. Im gesellschaftspolitischen Bereich war Ploier aufgrund seiner christlichen, aber auch seiner menschlichen Orientierung immer sehr gefragt.

Sie haben eine Rollenteilung gehabt. Ploier hat gerne mit den Medien gesprochen und sich gerne geäußert, was nicht unbedingt Ihr Part ist. War das abgesprochen oder hat es sich so ergeben?

Das hat sich einfach so ergeben. Weihbischof Wagner war sehr gesprächsbereit, auch der Presse gegenüber. Was ihm aber in der Zeit der Suche nach einem Nachfolger für Bischof Zauner auch geschadet hat. Es gab aufgrund der Presseberichte sogar Interventionen gegen ihn bis nach Rom. Das ist ein Grund, dass man dann vorsichtiger ist. Manche haben gemeint, dass ich zu wenig vor die Kameras getreten bin. Ich habe dann geredet, wenn es notwendig war. Manche Anliegen und Aussagen habe ich lieber als Pressemitteilungen hinausgegeben. Manche andere Bischöfe haben noch weniger in der Öffentlichkeit geredet.

Kritiker sagen, Sie hätten die Medienkanzel zu wenig genützt.

Mir wurde unter anderem gesagt, dass es für die Öffentlichkeitswirksamkeit überhaupt keinen Sinn hätte, Pfarre um Pfarre zu besuchen, überall zu predigen und allen Gruppierungen zu begegnen. Öffentlich wirksam sei man nur, wenn man immer wieder im Fernsehen und im Rundfunk ist. Bischof Köstner von Klagenfurt war fast vierzig Jahre Bischof und nur ganz selten im Fernsehen. Er war ein angesehener Bischof. Manche haben gesagt, gerade weil er sich nicht immer in die Mitte gestellt hat. Die Zeiten ändern sich. Gewiss wird ein heutiger Bischof vieles anders halten müssen. Als ich ein kleines Kind war, haben wir gerade erst den Rundfunkapparat bekommen, und als ich bereits Theologiestudent in Salzburg war, hat es dort noch kein Fernsehen gegeben. Zum Beispiel sind wir am 15. Mai 1955 im Gemeinschaftsraum des Benediktinerkollegs um das Radio gesessen und haben zugehört, wie im Belvedere der Staatsvertrag unterzeichnet wird und Figl seine berühmten Worte sagt: „Österreich ist frei."

---

[1] Ernst Bräuer, Rektor des Bildungshauses Schloss Puchberg, war damals Geistlicher Assistent der Katholischen Aktion der Diözese Linz.

Sind Sie selbst ein Medienkonsument, der regelmäßig Zeitung liest, fernsieht?
Also bitte, wenn man das nicht täte, wäre man von Vorvorgestern. Da muss man am Laufenden sein. Und wenn etwas in den Zeitungen steht, worüber man sich ärgert, kann man nicht hergehen und sagen: „Die Zeitung bestellen wir jetzt ab." Dann weiß man gar nichts mehr. Notfalls müsste man reagieren und klarstellen.

Sie haben in den 23 Jahren ziemlich oft Post aus Rom bekommen.
Da haben wir halt antworten müssen. Zum Beispiel wenn es Anfragen bezüglich der Linzer Kirchenzeitung gegeben hat. Die Linzer Kirchenzeitung ist wegen mancher Artikel beanstandet worden. Aber wenn derselbe Artikel auch im Teil der Kirchenzeitungskooperation[1] abgedruckt war, hat das in der anderen Diözese keine Aufregung verursacht. Worüber man sich etwa in den westösterreichischen Diözesen nicht beschwert hat, ist in Linz beanstandet worden. In den anderen Diözesen war das akzeptiert und niemand hat eine Beanstandung nach Rom gemeldet.

Ist man verpflichtet, auf jede Post aus Rom zu antworten?
Selbstverständlich. Manchmal brauchte ich Zeit, um Dingen genau nachzugehen, manchmal konnte man sofort reagieren.

Sie haben sich, soweit man das einschätzen kann, sehr loyal zu Ihren Leuten verhalten, auch gegenüber Rom.
Was heißt das?

Zum Beispiel bei der Bestellung eines Theologieprofessors in Linz, wo Sie sich sehr eingesetzt haben, dass die Berufung durchgeht.
Der Theologe ist vom Hochschulkollegium an die erste Stelle gesetzt worden. Sicher ist der Magnus Cancellarius[2] nicht verpflichtet, den Erstgereihten zu nehmen. Aber die wichtigen Sachen hat auch ein Bischof laut Gesetzbuch mit dem Konsistorium zu bereden, genauso wie im Kloster mit dem Ordenskapitel. Im Gespräch mit dem Konsistorium haben wir entschieden, den Erstgereihten in Rom zur Erteilung des „Nihil obstat"[3] vorzuschlagen. Dort prüfen die Studien- und die Glaubenskongregation den Vorgeschlagenen aufgrund seiner bisherigen wissenschaftlichen Arbeiten. In diesem und in vielen anderen Fällen habe ich viele Gespräche mit Mitarbeitern der Studien- und Glaubenskongregation geführt. Wenn es nötig war, suchte ich auch immer das Gespräch mit den Präfekten,

---

[1] In der Kirchenzeitungskooperation arbeiten die Kirchenzeitungen mehrerer Diözesen zusammen und produzieren einen Teil der Themen für alle gemeinsam. Zu Beginn der Amtszeit von Bischof Maximilian gehörten zur Kooperation Vorarlberg, Tirol, Salzburg, Kärnten und Oberösterreich.

[2] Magnus Cancellarius heißt „Großkanzler". In der Amtszeit Bischof Maximilians wurde die Katholisch-Theologische Hochschule in Linz in eine Katholisch-Theologische Privatuniversität umgewandelt. Der Bischof vertritt als „Magnus Cancellarius" die Interessen des Apostolischen Stuhls gegenüber der Universität und umgekehrt.

[3] „Nihil obstat" heißt wörtlich „es steht nichts dagegen". Gemeint ist, dass die Kirche einen Kandidaten oder eine Kandidatin für geeignet hält, in der theologischen Lehre tätig zu sein.

> „Die Kirche besteht nicht aus solchen, die die Eingeweihten sind, die Wissenden, die Spezialisten, und denen, die nichts wissen, die ‚Nur-Laien'. Die Kirche als Volk Gottes kennt im Grunde nur Vollmitglieder."

Bischof Maximilian Aichern in seinem ersten Hirtenbrief 1982.

zum Beispiel auch mit Kardinal Ratzinger. Und alle Vorgeschlagenen erhielten schlussendlich das „Nihil obstat" und wurden von mir als Professoren bestellt.

Welche Ziele haben Sie sich vorgenommen, als Sie Bischof geworden sind?

Die Diözese Linz hat durch die diözesanen Räte[1] und durch die Katholische Aktion immer Konzepte gehabt, sodass man einfach das Begonnene und das Laufende fortsetzen konnte. Ich meine, das Wesentliche für die Kirche sind die Weitergabe des Wortes Gottes und die geistlichen Hilfen für die Menschen durch die Spendung der Sakramente. Im mitmenschlichen Bereich heißt es für Nöte, bei denen man helfen kann, da zu sein. Bei Themen, die in der Luft liegen, kirchlichen, politischen, sozialpolitischen, wo man merkt, da wäre die Konfrontation mit dem Wort Jesu gut, soll man das klipp und klar sagen. Ich hatte keine Sonderkonzepte. Ich war kaum Bischof, stand das 200-Jahr-Jubiläum der Diözese[2] an. 1984/85 haben wir die Dekanatsfeste gefeiert. Es war eine ziemliche Beanspruchung, alle 38 Dekanate der Reihe nach an ebensovielen Sonntagen zu besuchen, die großen Gottesdienste zu halten und die vorbereiteten Feste mitzumachen. Durch die Dekanatsfeste habe ich rasch viele Christen der Diözese kennen gelernt. Auch mit den Vertretern von politischen Behörden, von Orts- und Bezirksverbänden konnten intensivere Kontakte geschlossen werden. Es war keine Schwierigkeit, mit den Landespolitikern, mit wichtigen Vertretern der Gesellschaft, der Kultur und der Wissenschaft in Kontakt zu kommen. Mit den Rektoren unserer Hochschulen und Universitäten hat es einen guten Kontakt mit so manchen Begegnungen und Gesprächen gegeben. Es war mir auch immer ein Anliegen, gemeinsam mit dem evangelischen Superintendenten beim „Tag der Linzer Hochschulen" dabei zu sein und dabei in der Katholischen Hochschulgemeinde Professoren und Professorinnen zu treffen.

---

[1] Die diözesanen beratenden Gremien sind im Wesentlichen der Pastoralrat, der Priesterrat und die Dechantenkonferenz.
[2] Die Diözese Linz wurde 1783 von Kaiser Joseph II. vom Bistum Passau abgetrennt und 1785 von Rom als Diözese errichtet.

Beim Dekanatsfest in Pettenbach 1984 schnitt Bischof Aichern die Festtagstorte an. Seine eigenen Ambitionen als Koch konnte er allerdings nur in der Jugendzeit ausleben. Foto: Bachmayr

Im Linzer Diözesanhaus verteilte der neue Bischof süße Krapfen. Foto: Diözesanarchiv

Im Zuge der Dekanatsfeste zum Diözesanjubiläum 1985 lernte Bischof Maximilian nicht nur die Menschen, sondern auch die Eigenheiten der Regionen kennen. In Schlierbach setzte er seine ganze Kraft ein, um einen Käselaib zu teilen. Foto: Bachmayr

Zum Abschluss des Diözesanjubiläums zogen 1985 die Gläubigen in einer sternförmigen Prozession in den Linzer Dom. Der Päpstliche Nuntius Michele Cecchini (links) leitete die Magnifikatfeier im Dom. Foto: Diözesanarchiv

Beim Dekanatsfest in Altheim im September 1985 erhielt Bischof Maximilian eine Kerze mit den Namen aller Pfarren des Dekanates zum Geschenk. Foto: Gansinger

Unterwegs in Oberösterreich: Zum Dekanatsfest in Weyer ging es per Zug. Foto: Bachmayr

Bischof mit den Menschen

Nur kurz ließen Pfarrer Johann Andessner (links), Schenkenfelden, und Pfarrer Anton Sageder (rechts), Freistadt, den Bischof beim Diözesanfest im Juni 1985 in Freistadt im Regen stehen.
Foto: Hauer

Beim ersten Besuch bei den Kreuzschwestern in Linz im Jahr 1982 fühlte sich Bischof Maximilian sichtlich wohl. Rechts Prälat Franz Vieböck, links die Provinzoberin der Kreuzschwestern Sr. Radegundis Diendorfer.
Foto: Diözesanarchiv

Bischof Maximilian zu Besuch in der Sozialhilfe der Caritas. Links Regina Rockenschaub und Mathias Mühlberger (der spätere Caritasdirektor) und der damalige Caritasdirektor Dr. Franz Stauber. Foto: Diözesanarchiv

Während des Dekanatsfestes in Braunau besuchte Bischof Maximilian Aichern auch den Flohmarkt. Dechant Stefan Hofer erstand bei der Gelegenheit eine originelle Kopfbedeckung. Was Bischof Aichern unter den Arm geklemmt hat, entzieht sich der Chronik. Foto: Pommer

11 Der persönliche Stil als Bischof

> Ein altes Auto und eine Flüchtlingsfamilie im Bischofshof sind nur zwei äußere Merkmale des einfachen persönlichen Lebensstils von Bischof Aichern. „Wer in der Kirche ein Amt übernimmt, muss wissen, wo in den Augen Jesu oben und unten ist", meint er dazu.

Es wird gesagt, von Anfang an hätte Ihr persönlicher Stil überzeugt. Zum Beispiel wurden bei der Amtsübernahme im Bischofshof alle Mitarbeiter zusammengeholt und nicht nur das Domkapitel.
Ja, das ist so geschehen.

Sie haben den Eindruck erweckt, dass Ihnen die Würde Ihres Amtes und der Platz in der ersten Reihe nicht das Allerwichtigste sind.
Die Würde bekommt man nicht durch die erste Bank, sondern durch Handlungen und Taten. Diese gelingen freilich manchmal besser, manchmal vielleicht auch schlechter.

Es gibt recht unterschiedliche Führungspersönlichkeiten, auch bei den Bischöfen. Sie waren nicht der Typ des starken Mannes, der vor allem seine eigenen Linien durchbringen wollte, sondern wirkten eher wie ein Katalysator, also einer, durch den verschiedene Konzepte und Kontakte durchgehen und gebündelt werden. Manches haben Sie aufgegriffen und vorangetrieben.
Es gab Anliegen, da habe ich klar gesagt, so wünsche ich es, verantworte ich es und so machen wir es. Aber im Großen und Ganzen war es so, wie Sie es gesagt haben. Ich wollte nicht ein „Bischof über euch" sein, sondern ein „Bischof mit euch". Daher habe ich auch die Anliegen und Notwendigkeiten gefördert, die von anderen an mich herangetragen wurden und für mich einsichtig waren.
Im Kloster hat man gesehen, wenn ein Abt alles allein macht, kann das auf Dauer nicht gut gehen.

Jemand hat Sie so beschrieben: „Er ist ein Mann, der jeden mit einer unwahrscheinlichen Geduld und Toleranz seine Vorstellungen entwickeln lässt. Für seine eigenen Vorstellungen hat er immer geworben und motiviert."
Ich habe schon eigene Vorstellungen gehabt, gerade als Abt, rund um das Klosterjubiläum[1], gerade bei den vielen kaputten Gebäuden und so weiter. Man

---
[1] 1976 feierte das Stift St. Lambrecht das Jubiläum seines 1000-jährigen Bestehens.

musste auf die anderen hören, aber doch auch nach Benedikts Regel selbst entscheiden. Zum Beispiel hatte bei der Kirchenrenovierung von den siebzehn Leuten im Konvent jeder eine andere Vorstellung, wie der Volksaltar ausschauen muss. Da musste ich dann sagen: „Und jetzt machen wir ihn so." Dann haben alle geschaut und niemand hat sich mehr aufgeregt.

Haben Sie eine Idee, warum Ihnen schon in sehr jungen Jahren und immer wieder Führungsaufgaben zugetraut worden sind?
Das habe ich mich auch schon öfter gefragt. Ich weiß nicht, welchen Grund es dafür gibt. *(Er lacht.)*

Sie waren der jüngste Abt Österreichs?
Ja, ich glaube sogar in der Weltkirche. Der jüngste Benediktinerabt in der Weltkirche auf jeden Fall. Ich war im 32. Lebensjahr. Ungefähr zehn Jahre nach mir ist der Abt von Göttweig gewählt worden und der war bei seiner Wahl genauso alt wie ich. Der Propst von Vorau[1], der jetzt bereits Altpropst ist, war bei seiner Abtwahl im Jahr 1970 überhaupt erst 30 Jahre alt. Ich bin 1964 zum Abt gewählt worden.

„Sie waren nie ein unnahbarer Diözesanregent, sondern ein Bischof zum Angreifen und dadurch auch immer wieder Angriffen ausgesetzt."

Margit Hauft, Präsidentin der Katholischen Aktion Oberösterreichs, beim Dankgottesdienst für Bischof Aichern am 10. Juli 2005 in Linz.

An welche Prinzipien haben Sie sich zeitlebens gehalten, wenn es um die Führung von Menschen gegangen ist?
Dass man jeden so nimmt, wie er ist. Es hat ja auch Menschen gegeben, die man lieber umgeändert hätte, aber es war nicht möglich. Wenn Entwicklungen nicht günstig sind für die ganze Gemeinschaft, muss man mit Ruhe und Vertrauen trachten, dass das in richtige Bahnen kommt. Man muss es machen wie bei Kindern, in Ruhe und Geduld. Es gibt auch erwachsene Kinder.
Bei den Jesuiten sagt man, der Obere ist wie ein Major oder etwas Ähnliches in einem Heer. Da richten sich alle nach seinen Befehlen. Nach der Regel des heiligen Benedikt soll der Abt ein Vater sein, aber natürlich auch ein Herr. Er soll das, was wichtig ist, entsprechend durchsetzen. Aber in einer Art und Weise, dass es einsichtig ist und akzeptiert wird. Da muss man den einen so behandeln und den anderen so, wie es zu jedem passt. Benedikt sagt: „Alius sic, alius vero sic." Das tun doch Eltern auch mit ihren Children. Meine Schwester und ich haben mitunter auch etwas angestellt, nicht haarsträubende Sachen. Die Mutter ist manchmal „narrisch" worden, wenn wir zu laut waren neben

---

[1] Das Augustiner-Chorherrenstift Vorau, 1163 gegründet, liegt in der Oststeiermark.

> „Bischof Maximilian war ein sehr fleißiger Arbeiter, der sich wenig Zeit für sich selber genommen hat."
>
> **Bischofsvikar Prälat Josef Ahammer,** langjähriger Generalvikar der Diözese Linz.

dem Geschäft. Dann ist sie mit dem Selchstecken hereingekommen und wir sind um den Tisch gelaufen, damit sie uns nicht erwischt *(er lacht)*. Das ist auch schon lange her. Aber sie hat uns schon verschieden behandeln können. Das haben wir oft bestaunt. Meine Schwester und ich waren doch in unserer Art grundverschieden.

Von Papst Johannes XXIII. wird zum Thema Führung ein Satz überliefert: „Alles sehen, vieles übersehen, wenig korrigieren."
Den Spruch habe ich nie gehört. Noch einmal.

Alles sehen, vieles übersehen und wenig korrigieren.
Es schaut fast so aus, dass das die Grundlage ist für den Artikel, den Generaldechant Bachmair[1] über mich im neuen Diözesanjahrbuch 2006 geschrieben hat. Er stimmt insofern nicht ganz, als schon ich versucht habe, manches, was nötig war, zu korrigieren, auch bei den Pfarrvisitationen. Dass ich manches übersehen habe, gebe ich zu. Manches bewusst, was nicht so arg ist. Es gibt auch Tolerables. Dass manches vor mir versteckt worden ist und ich nicht draufgekommen bin, das hat es sicherlich auch gegeben in den 23 Jahren. Ich komme ja nicht in die Pfarren, um zu schnüffeln, sondern um im Glauben und in der Glaubenspraxis zu ermutigen. Man soll sich doch freuen über das Gute, das geschieht. Heute ist die Mehrheit der Pfarren so aufrichtig, dass sie sagen, was gelingt und was nicht. Das Versteckenspielen kommt natürlich auch vor in den 488 Pfarren. Ein Visitator soll ermutigen, korrigieren, aber nicht hinterrücks unmenschlich schnüffeln. Das Schnüffeln und pauschale Schlechtmachen, wie es von manchen Personen praktiziert wird, ist etwas ganz Arges. Deswegen, der Spruch ist nicht schlecht. Gehen S', sagen Sie mir den noch einmal, ist der Ausspruch wirklich von Johannes XXIII.?

Alles sehen ...
(Er notiert.) Man kann auch manches übersehen, ohne dass man es übersehen will, man merkt es nicht. Aber manchmal sieht man etwas, dann muss man sich überlegen, soll man einen Wirbel machen oder nicht, ist es das wert oder nicht. Dann ...

... vieles übersehen ...
Da muss man aber unterscheiden.

... und wenig korrigieren.
Das kommt dann darauf an.

---

[1] Pfarrer Johann Bachmair war viele Jahre Generaldechant, das ist der Vorsitzende der Dechantenkonferenz, der Diözese Linz.

Bischof Aichern ging von Anfang an offen auf die Menschen in Oberösterreich zu. Das ließ Berührungsängste rasch schwinden. Auch die Beteiligung möglichst vieler Christen an der Weiterentwicklung der Diözese war dem Bischof ein Anliegen. Nach einer Diözesanversammlung in den Jahren 1986/87, bei der gemeinsam über die Zukunft der Seelsorge in der Diözese beraten wurde, feierte man 1987 ein Diözesanfest. Fotos: Diözesanarchiv

Ein Bischof mit den Menschen: Bei seinen Besuchen in den Pfarren suchte Maximilian Aichern stets den direkten Kontakt, wie hier im Gespräch mit Jung und Alt auf einem Bauernhof in Frankenburg.

Bischof mit den Menschen

Einmal im Jahr lud Bischof Aichern Vertreter der oberösterreichischen Medien zu einem Empfang. Zum Leidwesen mancher Journalisten war er mit Stellungnahmen gegenüber der Presse eher zurückhaltend. Im Bild (von links): der Landesdirektor des ORF, Dr. Helmut Obermayr, und der Herausgeber der Oberösterreichischen Rundschau, Prof. Rudolf Chmelir. Foto: Reischl

Versöhnen und verstehen: Im Jahr 2004 lud Bischof Maximilian Aichern Altoberösterreicher aus Israel in den Bischofshof ein. Fotos: Kommunikationsbüro

Der Kindergarten „Schwalbennest" zu Besuch im Bischofshof: Der Bischofsstab, den der Bub probeweise in der Hand hat, ist einem Fischerstab nachempfunden. Er ist ein Geschenk seiner Maturakollegen an Bischof Maximilian.

Die Redakteure der Straßenzeitung „Kupfermuckn" besuchten Bischof Maximilian und baten ihn zum Interview.

Bischof mit den Menschen

Wie schon seine Mutter schätzte auch Bischof Maximilian das Gespräch auf dem Kirchenplatz nach dem Gottesdienst. Hier anlässlich des Dankgottesdienstes zu seinem 20-jährigen Bischofsjubiläum 2002 vor dem Linzer Dom. Foto: Kommunikationsbüro

Das Diözesanjahrbuch 2005 wurde im September 2004 von Bischof Maximilian im Linzer Bischofshof präsentiert. Die wichtigsten Mitarbeiter am Diözesanjahrbuch (von links): Wolfgang Katzböck, langjähriger Pressereferent; Elisabeth Jank, Pressestelle; Mag. Matthäus Fellinger, Chefredakteur Kirchenzeitung; Prälat Willi Vieböck, Direktor des Pastoralamtes.
Foto: Franz M. Glaser

12 Vom Leben in den Pfarren

> Bereits in den ersten zwölf Jahren seiner Amtszeit hat Bischof Maximilian alle 483 Pfarren und Seelsorgestellen der Diözese visitiert. Insgesamt kommt er auf 800 Pfarrvisitationen in seiner gesamten Amtszeit. Seit einigen Jahren unterstützen ihn dabei zwei Bischofsvikare.[1]

Worauf ist es Ihnen bei den Visitationen angekommen, was war für Sie wichtig?

Im Glauben die Menschen zu stärken, zu ermutigen und zu motivieren. Das kann man durch die Gottesdienste, durch Ansprachen, durch die Sakramentenspendung und durch das Gespräch mit den Menschen. Auch das Gespräch und das Unter-den-Leuten-Stehen ist doch etwas, das Strahlkraft gibt und hilft. Meine Mutter hat zum Beispiel immer gesagt, das Angenehmste am Sonntag ist, wenn man aus der Kirche kommt und unter den Leuten steht. Wenn sie aus der Kirche gekommen ist, sie ist nie sofort weggesaust, sondern sie ist immer eine Viertelstunde dort gestanden und hat geredet.

Im Zusammenstehen in der pfarrlichen Gemeinschaft, in der Familie und in der Hilfe an den Mitmenschen im sozial-karitativen Bereich zeigt sich, was christliche Gemeinde ausmacht.

Von Bischof Zauner wird erzählt, dass er bei den Pfarrvisitationen immer nach drei Punkten gefragt hat: Gibt es ein Katholisches Bildungswerk, gibt es eine Katholische Aktion[2] und gibt es ein Pfarrheim? Hat es bei Ihnen auch solche Punkte gegeben?

Sie dürfen nicht vergessen, Bischof Zauner ist 1949 Bischof geworden, wo es fast nirgends ein Pfarrheim gegeben hat und die Katholische Aktion nach dem Krieg von den Bischöfen als die wichtigste laienapostolische Gruppe gefördert worden

---

[1] Der Bischofsvikar ist ein Stellvertreter des Bischofs. Dieses Amt wurde vom Zweiten Vatikanischen Konzil neu geschaffen und dem Amt des Generalvikars nachempfunden. Der Bischofsvikar besitzt eine ordentliche Vollmacht, die allerdings regional, personell oder sachlich eingeschränkt ist. Es ist zu unterscheiden zwischen Bischofsvikaren, die die Bischofsweihe erhalten haben, und solchen, die nicht zum Bischof geweiht worden sind.

[2] Die Katholische Aktion wurde in der ersten Hälfte des 20. Jahrhunderts gegründet. Sie ist die Dachorganisation vielfältiger Gruppen und Bewegungen von Laien (z. B. der Katholischen Frauen- und Männerbewegung, Katholischen Jungschar und Jugend, des Katholischen Familienverbandes, der Katholischen ArbeitnehmerInnenbewegung, des Katholischen Akademikerverbandes etc.), die als engagierte Christen eine gerechte und menschenfreundliche Gesellschaft mitgestalten möchten.

ist. Dass die Katholische Aktion bei uns so gut dasteht, ist sicher ein Verdienst des jahrzehntelangen Wirkens von Bischof Zauner. In manchen Diözesen wurde die KA weniger gefördert. Mir ist es wichtig, dass es sie gibt, soll sie doch ein gesundes Bindeglied zwischen Kirche und Gesellschaft sein. Was nicht da ist, wieder zu schaffen, ist unter heutigen Umständen nahezu unmöglich.

Die Pfarren und die Pfarrgemeinden sind im Umbruch, einerseits durch die Änderung der Lebens- und Glaubensgewohnheiten der Menschen, andererseits durch die Änderungen im Personal der Kirche. Es gibt weniger Priester, dafür aber mehr engagierte Laien und ausgebildete Laientheologen und Laientheologinnen. Wie kommen die Pfarrgemeinden mit diesen Veränderungen zurecht?

Viele müssen erst lernen, sich auf die neue Situation einzustellen. In vielen Pfarren, die Laien als Pastoralassistenten und Pastoralassistentinnen schon länger gewohnt sind, sind diese schon gut integriert. In anderen Pfarren, wo kein Pfarrer mehr am Ort sein kann, wird jetzt auch ein Pastoralassistent[1], eine Pastoralassistentin oder mit mehr Rechten ein Pfarrassistent[2], eine Pfarrassistentin eingesetzt. Damit müssen viele erst umgehen lernen. Genauso war es für manche Leute schwer, als die Pfarrgemeinderäte geschaffen worden sind. Dann sind die Kommunionspender gekommen. Lektoren gibt es schon lange.

Muss ein Großteil der Pfarren sich darauf einstellen, auf absehbare Zeit keinen Priester mehr am Ort zu haben?

Es kommen nach wie vor weniger Geistliche nach, nicht nur hier bei uns in der Diözese Linz, sondern im ganzen westlichen Europa und im Norden Amerikas. In den Missionsländern nehmen die Berufungen zu. In Asien nur teilweise, in Afrika nehmen sie sehr stark zu. Das hängt gewiss stark mit dem Glauben zusammen, ist aber auch von sozialen Gegebenheiten abhängig.

Ich meine, die Leute werden sich gewöhnen, dass Frauen und Männer im seelsorglichen Bereich, im liturgischen und im pfarrlichen Bereich alles tun können, was nicht ans Priesteramt gebunden ist. Dieser Weg ist durch das Konzil geöffnet worden.

Es werden auch Pfarrleitungsmodelle versucht, wo Laien ehrenamtlich im Team die Pfarre leiten. Wie zukunftsträchtig ist dieses Modell?

Das stimmt nicht, der Leiter der Pfarre ist der Moderator, der zuständige Priester, auch wenn er Pfarrer in einer anderen Pfarre ist oder in einem kategorialen Seelsorgsbereich tätig ist. Er hat zu wissen, was sich tut, und im Einvernehmen mit ihm machen die anderen ihre möglichen Dienste. In der Mehrheit der Pfarren ist ein ungeheuer ehrliches Bemühen und ich glaube, das wird für die Zukunft Früchte tragen.

---

[1] Pastoralassistenten und Pastoralassistentinnen sind theologisch gebildete Laien, die mit Priestern und Diakonen die Pastoral gestalten und verantworten.

[2] Pfarrassistenten und Pfarrassistentinnen sind Laien oder Diakone, die in Pfarrgemeinden ohne Pfarrer am Ort mit der Wahrnehmung von Seelsorgsaufgaben betraut sind. Sie arbeiten mit einem „Moderator" zusammen, der die Pfarre leitet und die priesterlichen Aufgaben wahrnimmt.

„Es bedeutet für die ganze Atmosphäre des Sonntags sehr viel, dass die Glocken läuten, dass man Menschen zur Kirche gehen oder von der Kirche kommen sieht. Das Zeugnis des Kirchgangs ist nicht nur eine gegenseitige Stärkung im Glauben der Kirchgänger, sondern es ist auch ein Zeichen für andere."

Bischof Maximilian Aichern im Bischofswort „Ein Wort zum Sonntag" anlässlich des Aufrufs zu einer „Allianz für den Sonntag" im März 1997.

Ein immer größerer Teil des Pfarrlebens wird ehrenamtlich getragen oder getragen werden müssen. Besteht die Gefahr, dass wir eine Art Pensionistengemeinden haben werden, weil sie die Einzigen sind, die Zeit haben, sich in größerem zeitlichem Ausmaß zu engagieren?

Ich bin nicht überzeugt, dass das die große Gefahr ist. Viele sind bewundernswert, die genug zu tun haben in ihren Familien, in ihren Berufen oder in anderen Verantwortungsbereichen und zusätzlich für die Pfarre ehrenamtliche Tätigkeiten machen. Ich höre oft: „Ich verspreche, dass ich das für drei Jahre mache." Das wird immer stärker. Für kürzere Zeit findet sich rascher jemand als für längere Zeit. Oder manche Aufgaben werden von einem Team verantwortet. Ich bin überzeugt, dass es immer wieder Engagierte gibt. Auch wenn manche durch Misserfolge in Pfarrgemeinden müde geworden sind und sagen: „Nein, bei der nächsten Pfarrgemeinderatswahl mache ich nicht mehr mit." Da kommt es natürlich vor, dass es in manchen Pfarren schwierig wird, wieder eine Liste mit Kandidaten und Kandidatinnen zusammenzustellen. Oder manche klagen: „Jetzt kämpfen wir so viele Jahre, immer haben wir die Kirche verteidigt, weil diese und jene Vorkommnisse waren, und es geht trotzdem in für uns Christen wichtigen Fragen nichts weiter." Die einen meinen, bei den Diakonissinnen müsste es rascher gehen, die anderen meinen, bei den geschiedenen Wiederverheirateten, die Dritten, bei den Zulassungsbedingungen zu den Weihen und so weiter. Es gibt genügend heiße Eisen.

Was ja objektiv nicht falsch ist.
Aber mir stellt sich die Frage, ob wir uns immer nur auf die Strukturen konzentrieren sollen. Ist nicht das Wichtigere der Glaube selber?
Ich nenne immer wieder drei Punkte, wenn ich gefragt werde: „Was halten Sie für am wichtigsten, worauf sollen wir uns in der nächsten Zeit konzentrieren?"
Das Erste ist Glaube, Glaubensweitergabe und Glaubensvertiefung. Deswegen sind wir da. Deswegen unsere Gottesdienste, unser Gebet, eine Bibelrunde, eine

Klausur des Pfarrgemeinderates, eine Wallfahrt und vieles mehr. Man darf aber auch nichts übertreiben.

Zweitens ist die Seelsorgsarbeit für die Kinder und Jugendlichen meiner Meinung nach in einer Pfarre sehr, sehr wichtig. Jugend hat oft keinen Bezug zur Pfarre. Etliche gehen halt in die Kirche und andere sind notgedrungen dabei, wenn die Vereine einen Gottesdienst feiern, einmal im Jahr, weil es halt so Brauch ist. Wo es eine gute und engagierte Jugend- und Jungschararbeit gibt, machen Jugendliche gerne in der Pfarre mit. Dazu braucht es natürlich auch gute Führungskräfte. Auch die Ministrantenseelsorge ist sehr wichtig. Ich bewundere Frauen, auch Männer, die in Pfarrgemeinden dreißig oder vierzig Ministranten wirklich betreuen. Die dabei sind, wenn sie sich anziehen, wenn sie sich umziehen, wenn sie sich nicht auskennen, wenn sie weinen. Ich glaube, sich um Kinder und Jugendliche anzunehmen, ist ganz wichtig und richtig.

Das Dritte ist die Option für die Armen. Das heißt, dass nicht nur Menschen, die am Rande der Armut oder unter der Armutsgrenze leben, Unterstützung und Hilfe bekommen. Es gibt auch Arme, die sich absondern von den anderen, die nichts wissen, weil sie nur für sich leben oder sich verschämt verstecken. Zu denen soll man gehen, Kontakte halten und helfen.

Sie haben in Ihrer Zeit als Bischof auch strukturell einiges in Bewegung gebracht oder zumindest verantwortet. Es gab eine Diözesanversammlung 1986/87, die versucht hat, die Fragen der Glaubensweitergabe aufzugreifen. Dann gab es das Projekt „Seelsorge in der Zukunft"[1], das die Diözese finanziell und pastoral zukunftsfit machen sollte. Wie zufrieden sind Sie mit den Wegbereitungen im strukturellen Bereich?

Ich denke, das ist auf breiter Basis durch die diözesanen Gremien durchdacht und ausgearbeitet worden. Als das Geld weniger zu werden schien und die Ausgaben größer, haben wir zeitgerecht angefangen zu fragen, was ist wichtig, was brauchen wir. Und was ist weniger wichtig, worauf muss man verzichten, wenn zu wenig Geld da ist. Es war nötig, dass wir diesen Prozess gehabt haben. Andere Diözesen beneiden uns jetzt, obwohl sie zuerst skeptisch waren. Manche holen sich nun uns Linzer zur Beratung und erkundigen sich, wie das in unserer Diözese mit den hauptamtlichen Mitarbeiterinnen und Mitarbeitern und den Seelsorgsräumen[2] läuft.

---

[1] Das Projekt „Seelsorge in der Zukunft" stellte sich in den 1990er Jahren die Frage, wie Glaubensweitergabe in Zeiten personeller und finanzieller Engpässe künftig gestaltet werden kann. Die Ziele für die künftige Seelsorge wurden in den „Pastoralen Leitlinien" zusammengefasst.

[2] Seelsorgsräume sind Verbände von Pfarren innerhalb eines Dekanates, für die eine bestimmte Anzahl von Priestern, Diakonen und pastoralen MitarbeiterInnen zur Verfügung steht und die auch gemeinsame pastorale Aktivitäten entwickeln.

> „Meine Freunde, was nützt es, wenn einer sagt, er habe Glauben, aber es fehlen die Werke? Kann etwa der Glaube allein ihn retten? Wenn ein Bruder oder eine Schwester ohne Kleidung ist und ohne das tägliche Brot und einer von euch zu ihnen sagt: Geht in Frieden, wärmt und sättigt euch, ihr gebt ihnen aber nicht, was sie zum Leben brauchen – was nützt das?"
>
> Jakobusbrief 2,14–17.

Sie sind ein Mensch, der sich sehr für Geschichte interessiert, aber Sie jammern dem Vergangenen nicht nach.

Das ist auch gar nicht möglich. Das hilft uns nicht. Wenn es weniger Berufungen zum Priesteramt gibt, haben wir nicht genug für alle Pfarrgemeinden. Also müssen wir andere Wege suchen. Ich habe auch mit dem verstorbenen Papst darüber, auch wegen der Viri probati[1], geredet. Kirche musste sich schon mehrmals wandeln, wie es zu den verschiedenen Zeiten nötig war.

---

[1] Als Viri probati bezeichnet man „bewährte Männer", die meist berufstätig und verheiratet sind. Für viele ist eine Weihe dieser Männer zu Priestern denkbar.

Kirchweihe in Asten bei Linz 1983. Bischof Maximilian mit dem damaligen Propst des Stiftes St. Florian Wilhelm Neuwirth und dem Pfarrer von Asten Franz Lang.   Foto: Diözesanarchiv

„Der Bischof kommt zu den VOESTlern" heißt es 1983 im Fotoalbum der Christlichen Betriebsgemeinde VOEST. Rechts hinter dem Bischof Pfarrer Johann Innerlohinger.

Die Arbeiter der VOEST-Kokerei lassen sich die Jause schmecken, während der Bischof zu Besuch ist. In der Bildmitte (mit gelbem Helm) Leo Watzinger, engagierter Mitarbeiter der VOEST-Gemeinde. Der Kontakt zu den Arbeitern war dem Bischof ein großes persönliches Anliegen.
Fotos: Mittermayr

Bischof mit den Menschen

Bei diesem Besuch 1997 in der VOEST-Betriebsküche konnte Bischof Maximilian, der gelernte Fleischhauer, fachmännisch mitreden. Rechts von ihm der damalige VOEST-Pfarrer Hans Wührer, links Johanna Hanner, Mitarbeiterin der Christlichen Betriebsgemeinde VOEST.
Foto: Mittermayr

Kirchweihe am 20. Mai 2001 in der Pfarre Steyr-Resthof. Foto: Pfarre Steyr-Resthof

Im Advent 2002 holte Bischof Aichern einen Besuch in Krenglbach nach. Von der Eröffnung des neuen Pfarrzentrums hatte ihn zuvor ein Bandscheibenvorfall abgehalten. Mit einem „Liebstattherz" gratulierten die Krenglbacher dem Diözesanhirten auch gleich zum 70. Geburtstag.
Foto: Pfarramt Krenglbach

Freundlicher Empfang für den Bischof bei der Pfarrvisitation in Franking 1999. Rechts Dechant Alfons Einsiedl, Pfarrer in Ostermiething, Bildmitte Pfarrer Johann Detzlhofer. Foto: Bauer

In Puchkirchen an der Trattnach ist Pfarrassistent Johannes Frank am Werk. Anlässlich der Einweihung der umgebauten Pfarrkirche 2001 bedankte sich Bischof Aichern auch bei der Ehefrau und den Kindern von Pfarrassistent Frank für ihre Unterstützung. Foto: privat

Ein Besuch im Pfarrkindergarten gehörte auch bei der Pfarrvisitation in Linz-St. Konrad 2001 zum Programm des Bischofs. Die Kinder haben für den Bischof gezeichnet.

Foto: Pfarramt St. Konrad

Bischof mit den Menschen

Bei seinen Pfarrvisitationen vergisst Bischof Aichern nie auf die kranken und alten Menschen. Frau Hiermann und Frau Zierfreund aus der Pfarre St. Konrad unterhielten sich gut mit ihm.

Foto: Pfarramt St. Konrad

Bischof Maximilian Aichern im Gespräch mit der ältesten Mesnerin der Diözese Anna Panagger. Die 100-Jährige war 51 Jahre Mesnerin im Bildungshaus Schloss Puchberg. Foto: Felbermair

Die Fragen der Jugendlichen interessieren den Bischof. So auch bei der Pfarrvisitation in Linz-St. Antonius im Jahr 2000.
Foto: Franz M. Glaser

Vom Bischof persönlich gefirmt zu werden, das hat schon etwas für sich. Im Mai 2003 spendete Bischof Maximilian das Firmsakrament in Gutau. Links von ihm Pfarrer Josef Atteneder.
Foto: Pfarramt Gutau

Ist es bei Pfarrvisitationen kalt, wie hier im Dezember 2004 in Kleinraming, greift auch der Bischof zu einem wärmenden Getränk. (In der Bildmitte Pfarrassistent Reinhard Brandstetter.)

Fotos: Kommunikationsbüro

Die Gemeinden im Glauben zu stärken, ist erstes Anliegen des Bischofs bei Visitationen in den Gemeinden wie hier in Grünbach bei Freistadt. Links hinten Pfarrer Mag. Josef Kramar, rechts hinten Pastoralassistent Peter Keplinger.

Anlässlich der Glockenweihe besuchte Bischof Maximilian 2005 die Linzer Pfarre St. Magdalena. Rechts im Bild: Raiffeisen-Generaldirektor Dr. Ludwig Scharinger.

Wenn der Bischof zur Kirchweihe kommt, sind alle auf den Beinen: Bischof Maximilian im November 1998 in Kirchham mit Pfarrer P. Burkhard Berger.   Foto: Pfarramt Kirchham

Bischof Maximilian legte stets Wert darauf, bei den Pfarrvisitationen auch in die Schulen zu gehen. Die jungen Menschen wie hier 2005 in der Hotelfachschule Weyer erlebten ihn als aufmerksamen Zuhörer und geduldigen Beantworter ihrer Fragen. Foto: Grossauer

Ein Bewohner des Altenheimes Zell an der Pram überreichte Bischof Maximilian bei seinem Besuch ein von ihm gefertigtes Porträt. Der Bischof fand sich gut getroffen. Foto: Steininger

Sonst kein großer Tänzer, aber im Kindergarten für einen Reigen zu haben: Bischof Maximilian 2003 im Kindergarten Pettenbach. Foto: Aitzetmüller

Bei Kindern fühlte sich der Bischof immer sichtlich wohl. Hier bei einem Besuch des Pfarrkindergartens in Ried im Innkreis 1983. Foto: privat

Bischof mit den Menschen

Segnen und einweihen – wer dafür den Bischof gewinnen kann, fühlt sich geehrt. 2003 weihte Bischof Maximilian in Waldhausen eine neue Glocke. Foto: Kommunikationsbüro

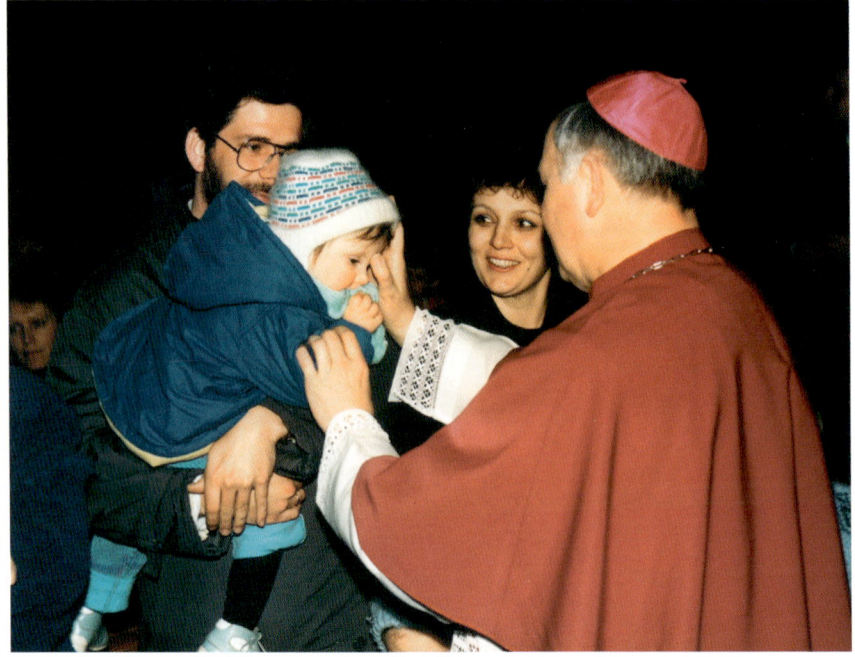

„Gott segne dich", sagte Bischof Aichern bei der Pfarrvisitation 1988 in Linz-St. Konrad auch zu Anna Gaigg. Foto: Pfarramt St. Konrad

Bischof Maximilian 1989 beim Bertholdfest in Garsten. Foto: Pfarramt Garsten

Letzte Vorbereitung auf die Messe in der Sakristei: Bischof Maximilian mit den Ministranten der Pfarre St. Leopold sowie Monsignore Reinhold Kern (links) und Pfarrer Dr. Dominik Nimmervoll (rechts).
Foto: Lachmayr

Die letzte von Bischof Maximilian Aichern geweihte Kirche ist Wels-St. Franziskus.
Foto: Kommunikationsbüro

13 Konflikte in der Diözese

Wiewohl der Weg in der Seelsorge der Diözese von einer breiten Basis mitgetragen wird, gibt es auch Widerspruch kleinerer Gruppen.

Dennoch ist das, was sich aus dem Wandel neu ergibt, gerade in Linz immer wieder Anlass zu Kritik. Ich denke an das Thema Laienpredigt. Für die Beauftragung von Pastoralassistenten und -assistentinnen für den Predigtdienst sind Sie sehr heftig angegriffen worden.

In Oberösterreich hat es eine Tradition gegeben. Bischof Zauner hat immer gefördert, dass zum Beispiel, wenn die Katholische Männerbewegung die Aktion „Bruder in Not" gehabt hat, wenn die Katholische Frauenbewegung die Aktion „Familienfasttag" abgehalten hat und so weiter, dass wirklich die Leute, die das durchgeführt haben, vor der Pfarre gepredigt und erklärt haben, worum es bei dieser Aktion geht. Bischof Zauner hat auch gefördert, dass Theologiestudenten, die in Ausbildung sind, in Pfarren gehen, sich vorstellen und Probepredigten halten. Das wurde von den Gemeinden immer gut aufgenommen. Und das soll auf einmal alles nicht mehr möglich sein? Sie alle haben sich gut vorbereitet und sich ernstlich mit Glaubensweitergabe und den Taten aus dem Glauben auseinander gesetzt. Wir haben also da schon eine Tradition gehabt, die der Kodex von 1983 nun anders sieht. Da wird gesagt, was natürlich stimmt, dass bei der Messfeier der „Tisch des Wortes" und der „Tisch des Brotes" gedeckt wird. Das soll durch die gleiche Person geschehen, die wirklich „in Persona Christi" die Messe feiert, das ist der Priester. Einen Wortgottesdienst, eine Andacht oder Ähnliches können auch Laien leiten, Männer und Frauen. Dabei können sie das Evangelium lesen und predigen, wenn sie dazu vom Bischof beauftragt sind. Bei der Messe gehören „Tisch des Wortes" und „Tisch des Brotes" eng zusammen. Dort ist die Homilie den geweihten Amtsträgern, Priestern und Diakonen, vorbehalten. Wir haben aber weniger Priester, wir haben viele ältere Priester in den Pfarrgemeinden, manche sind müde, besonders wo einer allein ist oder krank ist oder einmal keine Stimme hat. Soll dann in dieser Pfarrgemeinde womöglich auf lange Sicht keine Predigt mehr sein? Kann da nicht der qualifizierte Laie, ein Mann oder eine Frau, die Religionslehrkraft, jemand anderer, der die Predigterlaubnis hat, predigen? Warum soll das nicht sein? Die Pastoralassistenten und Pastoralassistentinnen haben Theologie studiert und das Predigen gelernt. Im Kodex steht, die Homilie, die Auslegung des Evangeliums und der Lesung, Satz für

> „Die Kirche findet weltweit von Land zu Land verschiedene Traditionen, verschiedene Lebens- und Gesellschaftsformen und verschiedene Wirkungsbereiche vor. Das macht es immer mehr unmöglich, die authentische Lehre der Kirche weltweit mit den gleichen Mitteln zu verkünden. Daher sind für die einzelnen Regionen, Bischofskonferenzen und auch Diözesen Freiräume hinsichtlich der äußeren Gestaltung ihres Wirkens zu definieren."

Bischof Maximilian Aichern in seiner Ansprache vor der Weltbischofssynode über die Laien im Oktober 1987 in Rom.

Satz in Anwendung auf das menschliche Leben, soll bei der Messe wegen „Tisch des Wortes" und „Tisch des Brotes" vom Priester gemacht werden. Dann kam 2004 die vatikanische Instruktion[1], in der steht, wenn „Unregelmäßigkeiten" in der Liturgie geschehen, dann sollen die Gläubigen, die sich daran stoßen, das ihrem Bischof oder dem Apostolischen Stuhl melden. Wir haben in der Diözese Menschen, die alles sofort dem Apostolischen Stuhl melden.

Den Schweizer Bischöfen, die beim letzten Rombesuch auch über die Frage der Laienpredigt heftigst diskutiert haben, hat Kardinalpräfekt Arinze[2] gesagt, er wisse, dass die Pastoralassistenten gut ausgebildet sind. Zum Beispiel könne zugunsten eines alten Priesters, der durch die Fülle seiner Aufgaben und nach mehreren Gottesdiensten überfordert ist, das ohnedies geschehen, aber nicht regelmäßig und nicht dauernd. Die Moraltheologie kennt zudem den Begriff der Epikie[3]. In Deutschland ist vor einigen Jahren von Rom her gesagt worden, ein Laie kann zum Beispiel auch bei einer Kindermesse, wenn er für die Kinder zuständig ist, ein Zeugnis und Erklärungen geben. Das tun manche am Anfang der Messe, manche am Ende, manche während der Messe.

---

[1] Die römische Instruktion „Redemptionis Sacramentum" wurde 2004 veröffentlicht. Sie legt die Regeln für die Feier der Liturgie erneut fest, wozu unter anderem gehört, dass in einer Eucharistie die Homilie, die Auslegung der Schrift, dem Priester vorbehalten ist.

[2] Francis Arinze ist Kardinalpräfekt für den Gottesdienst und die Sakramentenordnung in der römischen Kurie, der zentralen Verwaltung der Kirche.

[3] Die Epikie (übersetzt „Billigkeit") ist ein Begriff der christlichen Moraltheologie. Sie bezeichnet das Verhalten eines Menschen, der erkennt, dass die Forderung eines Gesetzes nicht den Gegebenheiten einer Situation entspricht, und der daher das Gesetz nicht befolgt, sondern sich entscheidet, das Situationsrichtige zu tun.

Sie sind in dieser Frage sehr hartnäckig bei Ihrem Weg geblieben.

Ich bin überzeugt, da gibt es noch Entwicklungen. Auch die Denunziationen können so nicht bleiben. Unter Pius X.[1] hat es einmal ähnliche Entwicklungen gegeben und Benedikt XV.[2], der Friedenspapst, hat diese Art der Kommunikation bald abgestellt.

Stimmt die Analyse, dass es in der Diözese Linz Polarisierungen gibt?

Aber nur durch einige bestimmte Gruppen.[3]

Sind diese Gruppen nicht viel zu klein, um tatsächlich zu polarisieren?

Die Gruppen sind klein, aber sie versuchen, sich bekannt zu machen.

Warum haben sie in der Öffentlichkeit so viel Gewicht bekommen?

Die Gruppen sind von sich aus der Meinung, es gebe eine zu progressive Leitung der Diözese und es werde zu progressiv gegen den Codex[4] gehandelt. Sie greifen an, wo es am ehesten noch geht, und das ist bei der Predigt beziehungsweise der Homilie. Eines muss aber gesagt sein: Es ist schwer zu verurteilen, wenn ein Laie oder ein Diakon Teile der Kanongebete spricht[5]. Das gehört ganz zur Identität eines Priesters bei der Messfeier.

Diese verschiedenen Gruppen haben wir, die Amtsleiter und ich, durch Jahre immer wieder zusammengerufen. Wir haben ihre verschiedenen Fragen besprochen, aber leider meist erfolglos. Zuletzt sind die Zusammenkünfte wegen interner Probleme dieser Gruppen nicht mehr zustande gekommen. Dann habe ich Prälat Huemer-Erbler bestimmt, der mit den Gruppen weiterspricht.

Wäre es bei Denunziation nicht zielführend, sich offensiv zu wehren, auch rechtlich?

Man muss manche Sachen ertragen können. Ich vertraue darauf, dass unrechte Saat nicht aufgeht.

Viele in der Diözese sind frustriert, weil diese Gruppen über Gebühr beachtet würden.

Warum musste man sich auseinander setzen? Diese Gruppen haben alles gleich nach Rom gemeldet und ich musste dorthin antworten. Manche von den vatikanischen Behörden haben gesagt: „Man sieht ja, welch Geistes Kind der ist, der das geschrieben hat", und haben es ad acta gelegt. Andere haben gesagt, nicht

---

[1] Pius X. (1835–1914) war ab 1903 Papst und wurde 1954 heilig gesprochen. Er führte unter anderem den „Antimodernismuseid" für alle katholischen Geistlichen ein, mit dem sie den „Irrtümern der Moderne" abschwören mussten.
[2] Benedikt XV. (1854–1922) war ab 1914 Papst. Er versuchte mehrmals, durch Appelle und vergebliche Friedensverhandlungen ein Ende des Ersten Weltkrieges herbeizuführen.
[3] Diese Gruppen sind in der Dissertation von Dr. Slawomir Dadas „Versöhnte Verschiedenheit. Einheit als pastorale Herausforderung am Beispiel der Diözese Linz" (2003) näher beschrieben.
[4] Der Codex Iuris Canonici ist das kirchliche Gesetzbuch, derzeit in der gültigen Fassung von 1983.
[5] Diese Aussage bezieht sich auf den Vorwurf des „Liturgiemissbrauchs", wenn Nichtpriester Teile des sogenannten Hochgebetes in der Liturgie sprechen.

> „Die ganz große Mehrheit der Katholiken unseres Landes ist wie Bischof Aichern gläubig und weltoffen. Die anderen sind kleine Splittergruppen, die allerdings durch die Macht des Internets und ihrer Verbindungen offenbar mehr Einfluss haben, als uns lieb ist."
>
> **Pfarrer Dr. Walter Wimmer,** Sprecher des Priesterrates der Diözese Linz, in einem Interview mit den Oberösterreichischen Nachrichten am 20. Mai 2005.

wer das geschrieben hat, sondern die Inhalte, die geschrieben wurden, müssen überprüft werden.

Manche aus diesen Gruppen sagen, ich hätte die falschen Berater, sie bräuchten im Bischofshof ein Zimmer, wo jeden Tag jemand von ihnen sitzt, wo ich hingehen und mich beraten lassen solle. Das haben sie sogar schriftlich bei uns eingegeben.

Sie werden beschrieben als einer, der den Konflikt und den Streit nicht liebt. Ist das auch Ihre Selbsteinschätzung?

Man muss motivieren, das Wort Gottes zu leben, dann hört das Streiten auf. Wenn es gerecht zugeht, wird auch Friede sein. Wenn Sie in die Geschichte schauen, hat es nach jedem Konzil in irgendeiner Form eine Spaltung, eine Dissonanz, eine Aufregung gegeben. Nach diesem Konzil war es hauptsächlich Erzbischof Lefebvre[1], der sich abgewandt hat. Und der Papst ist den Anhängern von Lefebvre entgegengekommen und hat die tridentinische Liturgie wieder erlaubt. Deswegen ist die Petrusbruderschaft[2] entstanden.

---

[1] Erzbischof Marcel Lefebvre (1905–1991) lehnte die Bestimmungen des Zweiten Vatikanischen Konzils ab und befürwortete die klerikalen Strukturen des 19. Jahrhunderts. Er gründete unter anderem die Priesterbruderschaft St. Pius X., gründete eigene Priesterseminare und Orden. Er wurde 1976 von seinem Amt suspendiert und nach unerlaubten Bischofsweihen 1988 für seine schismatischen Aktivitäten vom Papst verurteilt. Die unerlaubten Bischofsweihen zogen die Tatstrafe der Exkommunikation (des Kirchenausschlusses) nach sich.

[2] Petrusbruderschaft ist die „Priesterbruderschaft St. Petrus", die als klerikale Gesellschaft apostolischen Lebens 1988 von Papst Johannes Paul II. eingerichtet wurde. Erste Mitglieder waren Teile der „Priesterbruderschaft St. Pius X.", die sich nach dessen Exkommunikation von Erzbischof Lefebvre distanzierten. Die Petrusbruderschaft hat sich die „Heiligung der Priester" und die „treue Bewahrung liturgischer und spiritueller Traditionen der katholischen Kirche" zum Ziel gesetzt, was sich vornehmlich in der Feier der Messe in lateinischer Sprache und nach vorkonziliarem Ritus zeigt.

„Dem Bischof geht das Heil der Seelen über alles – was ja schließlich auch im Codex steht, nur vielfach zu wenig beachtet wird."

Weihbischof Dr. Helmut Krätzl in seiner Predigt im Gottesdienst zum 20-jährigen Amtsjubiläum von Bischof Maximilian Aichern am 16. Jänner 2002 in Linz.

Bischof Maximilian war innerhalb der Österreichischen Bischofskonferenz der für Orden zuständige Referatsbischof. Beim Treffen der Ordensoberen im Jänner 2005 in Vöcklabruck fühlte er sich in Gesellschaft von Sr. M. Michaela Pfeiffer-Vogl (rechts von ihm), Generaloberin der Marienschwestern vom Karmel, Sr. Ob. M. Theresia Sessing, Franziskanerin von der christlichen Liebe, Generalsekretärin der Vereinigung der Frauenorden Österreichs, und anderer sichtlich wohl. Foto: Kommunikationsbüro

Im April 2005 weihte Bischof Maximilian Werner Thanecker zum Propst des Stiftes Reichersberg.
Fotos: Kommunikationsbüro

Johann Holzinger wurde im März 2005 von Bischof Maximilian zum Propst des Stiftes St. Florian geweiht.

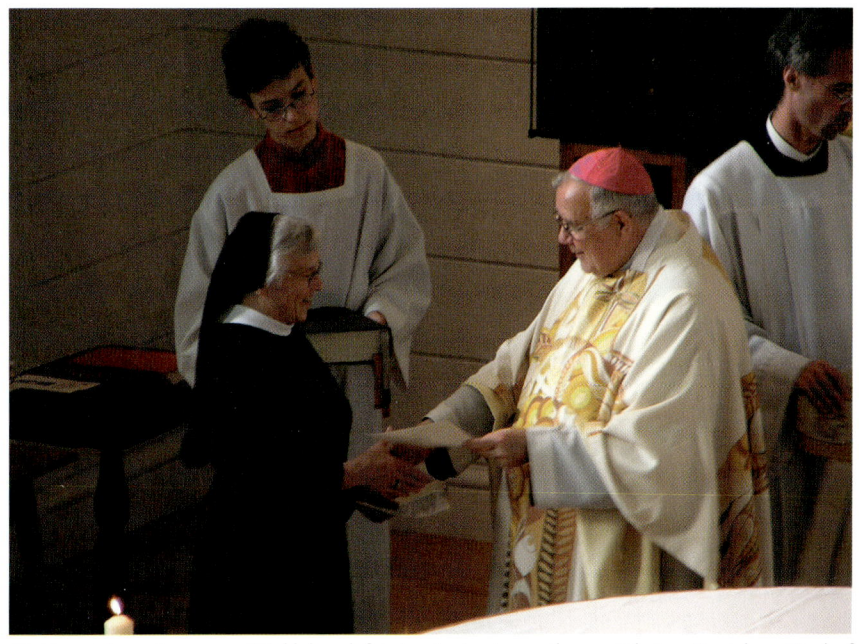

Die Franziskanerinnen von Vöcklabruck feierten im Juni 2005 ihr 100-jähriges Bestehen. Bischof Maximilian gratulierte Generaloberin Sr. Dr.in Kunigunde Fürst.

Sr. Dr.in Hanna Jurman legte im August 2001 vor Bischof Maximilian Aichern die ewige Profess ab. Die Benediktinerin vom Unbefleckten Herzen Mariens in Steinerkirchen ist seit 2003 erste Ordinariatskanzlerin der Diözese Linz. Foto: privat

Im März 2005 tagte die Österreichische Bischofskonferenz im Benediktinerstift Lambach. Von links: Dr. Ludwig Schwarz (der nunmehrige Linzer Diözesanbischof), Weihbischof von Wien; Kardinal Dr. Christoph Schönborn, Erzbischof von Wien; Mag. Christian Werner, Militärbischof; DDr. Klaus Küng, St. Pölten; Dr. Alois Schwarz, Gurk-Klagenfurt; Dr. Egon Kapellari, Graz-Seckau; Dr. Paul Iby, Eisenstadt; verdeckt hinter ihm: Dr. Franz Lackner, Weihbischof von Graz-Seckau; Maximilian Aichern, Linz; hinter ihm: Dr. Ägidius Zsifkovics, Generalsekretär der Bischofskonferenz; Dr. Manfred Scheuer, Innsbruck. Foto: Kommunikationsbüro

Bischof Maximilian Aichern bei seinem ersten Besuch als Bischof bei Papst Johannes Paul II. Der Papst hatte darauf bestanden, den Benediktinerabt Maximilian aus St. Lambrecht zum Bischof von Linz zu bestellen. Foto: privat

Im Jahr 1982 begegnete Maximilian Aichern bereits seinem Nachfolger. Dr. Ludwig Schwarz, damals Provinzial der Salesianer Don Boscos in Österreich, traf mit Bischof Maximilian in Oberthalheim zusammen. Foto: privat

Bischof mit den Menschen

„Linz ist das Haupt der Diözese, Lorch ist das Herz", schrieb Bischof Maximilian in das Gästebuch der Basilika St. Laurenz. 1988 besuchte Papst Johannes Paul II. Lorch. Auf dem Bild links der damalige St. Pöltner Diözesanbischof Dr. Franz Zak, ganz rechts Prälat Dr. Eberhard Marckhgott. Foto: Pfarramt St. Laurenz

Der Bischof in Oberösterreich trifft den Bischof aus Oberösterreich: Bischof Maximilian Aichern mit Bischof Manfred Scheuer bei dessen Bischofsweihe in Innsbruck. Links der Tiroler Altbischof Dr. Reinhold Stecher. Foto: Graf

Im Dezember 1993, noch während des jugoslawischen Bürgerkrieges, besuchte Patriarch Pavle, das Oberhaupt der serbisch-orthodoxen Kirche, Bischof Maximilian in Linz. Aichern betonte die Bedeutung der Kirchen für den Frieden. Foto: Diözesanarchiv

14 Sozialhirtenbrief und ökumenisches Sozialwort

Zu den großen Meilensteinen seiner Amtszeit als Bischof zählen für Maximilian Aichern die Mitverantwortung für den Sozialhirtenbrief der österreichischen Bischöfe[1] und das ökumenische Sozialwort[2].

Der Prozess bei der Erstellung des Sozialhirtenbriefes der österreichischen Bischöfe 1990 war modellhaft. Es war innovativ, in einem lange angelegten Diskussionsprozess viele einzubinden und alle Meinungen ernst zu nehmen.

Ein Grundtext sollte zu Diskussionen über wichtige soziale Fragen und deren Lösung anregen. Dieser Grundtext wurde mit Leuten aus der Politik, von jeder Partei, auf Bundes- und auf Landesebene, Leuten aus der Wirtschaft, Leuten aus der Industrie, von der bäuerlichen Seite, von den Kammern und Gewerkschaften, genauso auch der Kultur und der Wissenschaft diskutiert. „So ist es gar nicht", haben manche in der Diskussion gemeint. „Genauso ist es", sagten andere, „manchmal noch ärger." Menschen haben verschiedene Meinungen, je nachdem, wo ihr Standort ist. Die Ergebnisse dieser Diskussionen, zu denen wir in alle Diözesen und Bundesländer gefahren sind und die mühevoll waren, sind mit dem Evangelium Christi konfrontiert worden. Am Ende dieses Prozesses hat die katholische Bischofskonferenz den Sozialhirtenbrief herausgegeben.

Die christliche Basis ist beim ökumenischen Sozialwort 2003 noch viel größer gewesen, weil alle christlichen Kirchen Österreichs[3] mitgearbeitet haben.

---

[1] Der Sozialhirtenbrief der österreichischen Bischöfe wurde in einem breiten Diskussionsprozess erarbeitet. Ab 1988 wurde der Grundtext „Sinnvoll arbeiten – solidarisch leben" auf breiter Basis diskutiert und mit den aktuellen Problemen der österreichischen Gesellschaft verknüpft. 1990 veröffentlichten die Bischöfe in Fortführung der Tradition von Sozialrundschreiben den Sozialhirtenbrief. Er nimmt zu den Fragen einer menschengerechten Gestaltung von Arbeit und Wirtschaft sowie eines Lebens in Solidarität und Verantwortung Stellung.

[2] Das „Sozialwort des Ökumenischen Rates der Kirchen in Österreich" wurde von 2000 bis 2003 von vierzehn christlichen Kirchen in Österreich erarbeitet. Zuerst wurde die soziale Praxis der Kirchen erhoben. Diese Ergebnisse und die Stellungnahmen dazu wurden in einem Sozialbericht zusammengefasst. Er bildete die Basis für die Abfassung des Sozialwortes. Das Sozialwort will ein „Kompass sein in einer Gesellschaft, die sich in einem tief greifenden Wandel befindet" und „wesentliche Aufgaben für Kirche, Politik und Gesellschaft benennen".

[3] Die vierzehn christlichen Kirchen Österreichs sind: altkatholische Kirche, anglikanische Kirche, armenisch-apostolische Kirche, bulgarisch-orthodoxe Kirche, evangelische Kirche A. B., evangelische Kirche H. B., evangelisch-methodistische Kirche, griechisch-orthodoxe Kirche, koptisch-orthodoxe Kirche, römisch-katholische Kirche, rumänisch-orthodoxe Kirche, russisch-orthodoxe Kirche, serbisch-orthodoxe Kirche, syrisch-orthodoxe Kirche.

Manche haben gemeint, das wird nicht gehen, weil uns doch manche Glaubenswahrheiten trennen. Aber die Tat aus dem Glauben, die Nächstenliebe, die soziale Tat, ist uns allen gemeinsam. Deswegen konnte dieses Tun immer mit den entsprechenden Worten aus der Bibel erhärtet werden. So formulierte man Bitten an die Öffentlichkeit und Hinweise für die Kirchen selbst, wo sie Verantwortung tragen für die Menschen, durch Betriebe etc.

Es gibt das Wort „Der Geist weht, wo er will". Wenn man diesen Satz ernst nimmt, wird es möglich, viele zu hören, um den Geist wahrzunehmen.
Sehr richtig. Durch die Anstöße des letzten Konzils und verschiedener anderer örtlicher Aktivitäten in den einzelnen Kirchen ist jetzt der Zeitpunkt gekommen, dass wir christlichen Kirchen unsere Verschiedenheit versöhnt anerkennen. Wir sind nun einmal in manchen Punkten verschieden, aber wir haben uns versöhnt, reden miteinander, beten miteinander, arbeiten miteinander, immer mit Blick auf das Evangelium Christi.

Die Bischöfe haben beim Sozialhirtenbrief die Anregung eines Laien aufgegriffen.
Ja, von Leopold Summerauer, dem Bundessekretär der Katholischen ArbeiterInnenbewegung Österreichs. In Laxenburg bei einer Bundeskonferenz der KABÖ im Bildungshaus der Kreuzschwestern ist von seiner Seite dieser Vorschlag gekommen. Ich war bei dieser Konferenz als Referatsbischof für die KABÖ anwesend. Ich habe den Vorschlag für richtig empfunden und habe ihn an die Österreichische Bischofskonferenz weitergeleitet. Damals war nach Kardinal König Erzbischof Berg von Salzburg der Vorsitzende. Bei der ersten Konferenz, bei welcher ich das vorgebracht habe, haben sich die Bischöfe eine Nachdenkphase erbeten. Erzbischof Berg hat das Anliegen sehr unterstützt. Bei der nächsten Bischofskonferenz erhielt ich den Auftrag für erste Vorschläge. Dann begann die Arbeit mit der Katholischen Sozialakademie Österreichs[1] und einer Reihe von Mitarbeitern aus den einzelnen Diözesen.

Erzbischof Dr. Rembert Weakland, ein Benediktiner, ist in Amerika für ein ähnliches Sozialwort gestanden. War das für Sie wichtig?
Wichtig war das Wissen, dass auch anderswo an einem bischöflichen Sozialwort gearbeitet wurde.

P. Dr. Alois Riedelsperger, der Leiter der Katholischen Sozialakademie, war vorher schon in Amerika und hat die Form des Diskussionsprozesses gekannt.
Ja, aber wir haben dann doch eine eigenständige Form mit dem Grundtext gehabt.

---

[1] Die Katholische Sozialakademie Österreichs ist eine gesamtösterreichische Einrichtung der katholischen Kirche und hat als Aufgabe die „Erforschung und Verbreitung der katholischen Soziallehre sowie ihrer Anwendung".

Und das ökumenische Sozialwort ist in der Folge des Kirchenvolksbegehrens[1] entstanden?

Das stimmt, auch wenn es oft nicht so wahrgenommen wird. Auch die „Allianz für den arbeitsfreien Sonntag" ist eine Einlösung der Gespräche beim Delegiertentag 2000 in Salzburg, des „Dialoges für Österreich". Wir haben die Diözesanallianzen geschlossen, anschließend die Österreichallianz. Das ist Schritt für Schritt gegangen, beginnend bei den Bundesländern, den Diözesen. Die Gespräche mit den Politikern waren teilweise sehr mühevoll. Alle christlichen Kirchen waren von Anfang an eingebunden. In Oberösterreich wurde die „Allianz für den Sonntag" von den christlichen Kirchen, allen politischen Parteien, einer Reihe von Kulturorganisationen und den Sozialpartnern, den Kammern und Gewerkschaften, unterzeichnet. Gewerkschaftspräsident Verzetnitsch, Wirtschaftskammerpräsident Leitl und Arbeiterkammerpräsident Tumpel haben die Österreichallianz von Anfang an unterstützt.

Das Zweite war das ökumenische Sozialwort. Die Bischöfe griffen den Vorschlag des Delegiertentages auf, den 1990 entstandenen Sozialhirtenbrief zu aktualisieren. Diesmal sollte nicht nur die katholische Kirche daran arbeiten, sondern es wurden alle christlichen Kirchen dazu eingeladen. Ich habe die Bischöfe und Vorsteher der einzelnen christlichen Kirchen antelefoniert und es wurde ein Gespräch in dieser Frage in der Katholischen Sozialakademie einberufen. Niemand hat die Teilnahme abgelehnt. Wir haben uns zu einer ersten Besprechung getroffen, Staikos[2], Sturm[3], Nausner[4], Gleixner[5]. Mit mir kam Bischof Krätzl[6], der in der Bischofskonferenz für die Ökumene zuständig ist. Nach zwei Stunden Gespräch war alles klar. „Wir wissen vielleicht noch nicht ganz, worauf wir uns einlassen, aber wir beginnen." Pater Riedelsperger war der Hauptkoordinator. Meine Aufgabe war, Sorge zu tragen, dass das Engagement in der katholischen Kirche und für das Projekt insgesamt nicht nachlässt.

Als ein wichtiges Ergebnis des Sozialhirtenbriefes gilt die soziale Gewissensbildung der Kirche in dieser Frage, beim ökumenischen Sozialwort war das gemeinsame Projekt aller Kirchen und die sehr gleichwertige Mitarbeit aller Kirchen wichtig.

Wir sind in der Ökumene zusammengewachsen. Jetzt haben wir intensiven Gesprächskontakt. Und Frau Oberin Gleixner war der gute Geist. Ich meine, sie hat das meiste für den Zusammenhalt in der Ökumene in Österreich bewirkt.

---

[1] Das Kirchenvolksbegehren wurde in Österreich im Juni 1995 von rund 500.000 Menschen unterzeichnet. Es forderte u. a. auch eine geschwisterliche Kirche, die Gleichberechtigung der Frauen in der Kirche, die freie Wahl des Zölibats, eine positive Bewertung der Sexualität und die Verkündigung des Evangeliums als einer Frohbotschaft statt einer Drohbotschaft. Aus dem Kirchenvolksbegehren entstand die Bewegung „Wir sind Kirche", die in ungefähr 30 Ländern vernetzt ist.
[2] Michael Staikos ist Metropolit der griechisch-orthodoxen Kirche in Österreich.
[3] Herwig Sturm ist Bischof der evangelischen Kirche A. B. in Österreich.
[4] Helmut Nausner ist Superintendent der Methodistenkirche in Österreich.
[5] Oberin Prof.in Christine Gleixner ist Vorsitzende des Ökumenischen Rates der Kirchen in Österreich und leitet die Kongregation der „Frauen von Bethanien".
[6] Weihbischof Helmut Krätzl (geb. 1931) ist seit 1977 Weihbischof der Erzdiözese Wien.

„Große Anerkennung und Wertschätzung hat der unter der Federführung unseres Mitbruders Aichern entstandene gemeinsame Sozialhirtenbrief der österreichischen Bischöfe bei den Menschen eures Landes gefunden. Ihr habt die gute Tradition Österreichs bei der Entfaltung und Anwendung der katholischen Soziallehre, wie sie seit meinem Vorgänger Leo XIII. von den Päpsten verkündet wird, mit einem wertvollen Dokument fortgesetzt."

Papst Johannes Paul II. anlässlich des Ad-limina-Besuches der österreichischen Bischöfe in Rom im April 1992.

Sie haben vom Gewerkschaftsbund sogar den Titel „Arbeiterbischof" bekommen. Warum?

Ich erhielt damals, als ich Bischof geworden bin, von Kardinal König den Auftrag, in Nachfolge von Bischof Paul Rusch[1] von Innsbruck für die Katholische ArbeitnehmerInnenbewegung der Referent in der Bischofskonferenz zu sein. Damit waren die Kontakte zur Sozialpartnerschaft, teilweise auch zu den politischen Parteien, je nachdem, um welche Themen es ging, verbunden. Die Gespräche fanden oft zu sozialen Themen mit den jeweiligen Sozialministern und Wirtschaftsministern, mit Brüssel und mit den Sozialpartnern statt. Zumeist zusammen mit Experten aus der KABÖ[2], aus dem Betriebsseminar[3], aus der Katholischen Sozialakademie, aber auch aus der Katholischen Aktion Österreichs oder der Katholischen Frauenbewegung Österreichs. Man erwartet und ersucht oft von der katholischen Kirche die Ethik aus dem Glauben, entwickelt in der katholischen Soziallehre. Öfter aber haben wir uns selbst gemeldet und um Gespräche gebeten, damit manches, was in Überlegung steht, von der christlichen Seite inspiriert werden kann. Insofern ist sicherlich manches gelungen, anderes vorübergehend auch nicht. Insgesamt hat es gar nicht so wenige Gespräche über Glauben, über Soziales gegeben, in Bildungswerken von Pfarren, in den Bildungshäusern von Diözesen, in verschiedenen Einrichtungen und Institutionen. Zum Beispiel war ich für den Sozialhirtenbrief der Bischöfe bei 104 Veranstaltungen in ganz Österreich, vom Neusiedler See bis zum Bodensee, unterwegs.

---

[1] Bischof Paul Rusch (1903–1986) war ab 1938 Apostolischer Administrator von Innsbruck-Feldkirch und 1964 bis 1981 erster Bischof der neu errichteten Diözese Innsbruck.
[2] KABÖ ist die Katholische ArbeitnehmerInnenbewegung, eine Teilorganisation der Katholischen Aktion.
[3] Das „Betriebsseminar" in Linz ist ein gesamtösterreichisches Bildungshaus mit Angeboten am Schnittpunkt Kirche und Arbeitswelt sowie für die Betriebsseelsorge.

Die politischen Gespräche haben Sie meist nicht in der Öffentlichkeit preisgegeben.
Das hätte auch wenig Sinn gehabt. Aber es wurde alles in den zuständigen kirchlichen Gremien besprochen und weiterbearbeitet.

Wie haben Sie agiert, um etwas zu erreichen?
Das waren meist Gespräche mehrerer Personen, zum Beispiel auch ökumenisch. Mit Professor Dantine[1] habe ich so manche Gespräche mit den verschiedenen Fachministern geführt. Wir wurden von unseren Kirchen auch nach Brüssel geschickt, um dort den Sozialkommissar bei wichtigen Fragen zu beraten. Zum Beispiel, wie man in der EU der Armut besser gegensteuern könnte. Weil die EU nicht nur eine Wirtschafts-, sondern auch eine Sozialgemeinschaft sein soll. Wir Vertreter und Vertreterinnen der christlichen Kirchen haben 1997 eine Sozialverträglichkeitsprüfung vorgeschlagen, analog zur Umweltverträglichkeitsprüfung, die in der gesamten EU schon eher akzeptiert war. Wir haben vom damaligen Sozialkommissar Flynn auch den Rat bekommen, bei den Politikern in den eigenen Ländern für die Sozialverträglichkeitsprüfung einzutreten. Damals sind Professor Dantine und ich zu einer Reihe von zuständigen Ministern gegangen und haben dieses Anliegen der Kirchen vertreten.

Wie schätzen Sie die Wirkungen ein, die die beiden großen Sozialworte in der Öffentlichkeit gehabt haben? Was hat das für das soziale Klima in Österreich bewirkt?
Die Sozialbriefe sind sehr wohl in der Öffentlichkeit zur Kenntnis genommen worden, und zwar auf einer sehr breiten Basis. Es ist ja auch mehrere Jahre daran gearbeitet worden und schon im Vorfeld ist über eine Reihe drängender sozialer Fragen, die für die Kirche wichtig schienen, mit Politikern der einzelnen Parteien, mit den Wirtschaftsgruppierungen, Arbeitervertretungen und Experten geredet worden. Deswegen war das Interesse von Anfang an da. Als der Sozialhirtenbrief erschienen ist, waren alle gespannt, was drinnen steht. Der Sozialhirtenbrief ist ein allgemeiner Text aus dem Geist christlicher Ethik. Das ökumenische Sozialwort steht auf viel breiterer Basis. Das ist inspiriert durch die Erfahrungen der Mitarbeiterinnen und Mitarbeiter in den Sozialbereichen aller christlichen Kirchen. Dieses Wissen der Leute mit den Anregungen, wo man einen Hebel ansetzen muss, haben wir genau diskutiert, kirchenintern und mit den kompetenten gesellschaftlichen Gruppen. Das ist der viel schärfere Text, der zudem mit dem Finger nicht nur auf den Staat und auf die Unternehmer weist, sondern auch auf die Kirchen, was wir zu tun haben, wenn wir zum Beispiel für Menschen in Betrieben zuständig sind.

Die Fragen nach Sozialabbau, die Fragen der Globalisierung, der Wirtschaftsweise insgesamt haben eine so starke Dynamik, dass die Worte, die man dagegen formuliert, eigentlich schwach sind.
Das macht nichts. Was die Kirchen herausgeben, sind Langzeitdokumente aus dem Geist der Bibel, und die behalten ihre Gültigkeit. Sicherlich, die weltlichen Gegebenheiten sind mächtig und stark, gerade wenn es um die Globalisierung

---

[1] Oberkirchenrat Univ.-Prof. Johannes Dantine (1938–1999) war evangelischer Theologe A. B., stellvertretender Vorsitzender des Ökumenischen Rates in Österreich und gilt als einer der Wegbereiter der Ökumene.

> „Mit der Einbeziehung aller betroffenen Bevölkerungskreise beschritt Bischof Aichern einen Weg, der nicht nur für die Erarbeitung derartiger Dokumente in der Kirche, sondern für den Stil der Autoritätsausübung im Sinne des Zweiten Vatikanums künftighin als richtungsweisend anzusehen ist."

Univ.-Prof. DDr. Helmuth Pree, Dekan der Katholisch-Theologischen Fakultät der Universität Passau über den Sozialhirtenbrief anlässlich der Verleihung der Ehrendoktorwürde an Bischof Maximilian Aichern am 13. Juli 1993.

geht. Was die Kirchen sagen, soll nicht spalten, sondern aufmerksam machen auf die Würde der Menschen und auf das, was die Menschen brauchen. Ich denke, deswegen verfehlen sie nicht ihren Zweck, auch wenn sie von manchen nicht entsprechend oder überhaupt nicht gesehen werden. Christliche Soziallehre ist kein Dogma. Soziale Zustände können sich ändern, können besser oder noch schlechter werden. Deswegen ist ein Sozialwort ein gültiges, aber kein endgültiges Dokument. Es muss weiterentwickelt und aktualisiert werden, wenn neue Probleme entstehen.

Was kann die Rolle der Kirche in sozialen Fragen in der Zukunft sein?
Die Rolle der Kirche ist, dass sie aus dem Fundus der Worte und des Handelns Jesu für ihre Aufgaben heute schöpft.

Ist es auch Aufgabe der Kirche, konkrete Vorschläge zu machen, etwa im Zusammenhang mit Arbeitszeitregelungen oder Ähnlichem?
Die Aufgabe der Kirche ist es nicht, konkrete Vorschläge zu machen. Sie soll aus dem Geist des Evangeliums Grundlagen für die Arbeit der Menschen in Wirtschaft und Gesellschaft heute anbieten. Die konkrete Umsetzung müssen wohl die Fachleute machen.

Im Zusammenhang mit dem Sozialhirtenbrief gab es auch viele Querschüsse, vor allem von Wirtschaftsseite, aber auch von Vertretern des christlichen Lagers. Was hat diese so aufgeregt?
Manche haben den Grundtext, der zu einer Diskussion anregen sollte, bereits als den ersten Entwurf des Sozialhirtenbriefes gesehen und dagegen gesprochen. Für andere schien er wieder zu praxisfern oder zu theoretisch. Wieder andere sehen sich selbst als Träger der christlichen Anschauungen und mögen es nicht, wenn die Kirche kommt und ihre Vorstellungen darlegt. Sie meinen, die Wirtschaft müsse ihre eigenen Wege gehen, sie sei autonom. Die Kirchen aber sagen, die Wirtschaft ist für den Menschen da und nicht der Mensch für die

Wirtschaft. Der damalige Sozialminister Dallinger[1] hat bei einer Diskussion in der Arbeiterkammer in Wels gesagt, er würde sich wünschen, dass seine Partei einen solchen Text macht, der so griffig ist.

Es gab auch den Vorwurf, dass Sie naiv sind, dass Sie marxistisch sind.
Es sieht so aus, dass es nichts gegeben hat, das nicht gesagt wurde.

Wie gehen Sie mit solchen Angriffen um?
Die hört man, denkt sich seinen Teil und wird aber weitertun, weil das Parteiprogramm der Kirche das Evangelium ist. Danach muss sie sich beurteilen lassen. Der Markt braucht Zügel, damit der Mensch nicht überfahren wird. Damit nicht einseitig gewirtschaftet wird. Dass Gewinn erwirtschaftet werden muss, sieht jeder ein. Aber die Erfolge durch Wirtschaft, die Gewinne, werden in vielen Bereichen für die Besitzenden selbst verwendet und nicht auch für Notwendigkeiten anderer Menschen.

Die Kirche darf nicht müde werden, aus dem Geist des Wortes Gottes, aus ihrem Programm die Haltung Jesu und die Worte Jesu weiterzureichen und zu interpretieren, damit die Würde des Menschen geschützt ist. Da muss sich die Kirche selbst bei der Nase nehmen und darf auch ruhig auf andere hinzeigen.

Sie haben einmal öffentlich darüber nachgedacht, dass es auch einen europäischen Sozialhirtenbrief geben könnte.
Das wäre auch jetzt noch wünschenswert.

Ist die Idee weiterverfolgt worden?
Auf europäischer Ebene kaum.

---

[1] Alfred Dallinger (1926–1989), SPÖ, war von 1980 bis 1989 österreichischer Sozialminister.

Sozialhirtenbrief

Der Sozialhirtenbrief der österreichischen Bischöfe wurde in Form eines umfassenden Diskussionsprozesses erarbeitet. Der erste Text, der zur Diskussion anregen sollte, der Grundtext „Sinnvoll arbeiten – solidarisch leben", wurde von einer Arbeitsgruppe erarbeitet. Ihre Mitglieder: Bischof Maximilian Aichern, Dr. Walter Suk (Sozialreferat der Diözese Linz), P. Dr. Alois Riedelsperger SJ (Direktor der Katholischen Sozialakademie Österreichs), Prälat Florian Zimmel (Leiter des Pastoralamtes der Diözese St. Pölten), Prof. Dr. Valentin Szifkovits (Professor für Sozialethik an der Universität Graz).
Im gesamten Prozess erwies sich der Sozialethiker Univ.-Prof. Dr. Johannes Schasching SJ, der an der Päpstlichen Hochschule Gregoriana in Rom lehrte, als wertvoller Begleiter.

Der Basistext wurde in einer Auflage von 100.000 Stück gedruckt und verteilt. In Kärnten erschien der Grundext auch in slowenischer Sprache.

In ungezählten Veranstaltungen wurde der Grundtext in ganz Österreich diskutiert. 15.000 Personen gaben in 2.400 schriftlichen Rückmeldungen im Umfang von 7.000 Seiten ihre Meinung zum Grundtext ab.

Der Schlusstext wurde in sechs Fremdsprachen übersetzt und löste ein starkes Echo in der Weltkirche aus.

Bischof Maximilian Aichern bei einer Diskussionsveranstaltung, die den Grundtext des Sozialhirtenbriefes der österreichischen Bischöfe diskutierte. 104 Veranstaltungen besuchte der Bischof österreichweit, um Pro und Kontra zum Grundtext zu hören und zu erörtern.
Foto: Diözesanarchiv

Start des Diskussionsprozesses zum Sozialhirtenbrief. In einer Pressekonferenz präsentieren (von links) P. Dr. Alois Riedelsperger, Leiter der Katholischen Sozialakademie, Weihbischof Dr. Helmut Krätzl, Bischof Maximilian Aichern und Univ.-Prof. Dr. Valentin Zsifkovits den Grundtext, der zwei Jahre später in den Schlusstext münden wird. In der Diskussion sollten die Erfahrungen und Meinungen der Menschen aller Bevölkerungsschichten berücksichtigt und die Thesen mit den Aussagen des Evangeliums konfrontiert werden. Foto: Gürer

Anfang März 1990 feilt die Österreichische Bischofskonferenz im Linzer Bischofshof am Text des Sozialhirtenbriefes. Von links: Dr. Helmut Krätzl, Wien; Dr. Alfred Kostelecky, Sekretär der Bischofskonferenz; Johann Weber, Graz; Dr. Franz Zak, St. Pölten; Weihbischof Karl Moser, Wien; Jakob Mayr, Salzburg; Gottfried Schicklberger, Ordinaritaskanzler, Linz; Altbischof Franz Zauner, Linz; Abt Kassian Lauterer, Mehrerau; Dr. Florian Kuntner, Wien; (halb verdeckt) Dr. Kurt Krenn, Wien; Stefan Laszlo, Eisenstadt; Dr. Georg Eder, Salzburg; Dr. Hans Hermann Groer, Wien; Maximilian Aichern, Linz; Dr. Egon Kapellari, Gurk-Klagenfurt. Foto: Diözesanarchiv

Der Vorsitzende der Österreichischen Bischofskonferenz, Kardinal Hans Hermann Groer, und Referatsbischof Maximilian Aichern übergaben im Mai 1990 an Bundeskanzler Dr. Franz Vranitzky ein Exemplar des soeben erschienenen Sozialhirtenbriefes der österreichischen Bischöfe.
Foto: Gürer

Das Gespräch mit den verschiedenen gesellschaftlichen Gruppen war Bischof Aichern wichtig. Links von ihm der Präsident der Wirtschaftskammer Österreich und frühere oberösterreichische Wirtschaftslandesrat Christoph Leitl, rechts von ihm Soziallandesrat Josef Ackerl, der Chef des Arbeitsmarktservice Oberösterreich, Roman Obrovski, und der damalige Caritasdirektor Prälat Josef Mayr.
Foto: Diözesanarchiv

Reden allein genügt nicht, war beständige Mahnung von Bischof Aichern. Mit der Gründung der Bischöflichen Arbeitslosenstiftung setzte er genauso ein Zeichen wie mit Besuchen von Einrichtungen zur Beschäftigung und Qualifizierung von Arbeitslosen wie dem B7. Rechts der langjährige B7-Obmann Hans Riedler. Foto: Riedler

Die Kirche verpflichtet sich mit ihrer Soziallehre auch dort, wo sie selbst für ArbeitnehmerInnen verantwortlich ist. Im Jahr 2000 wird ein neuer Kollektivvertrag für die MitarbeiterInnen der Diözese unterzeichnet. Von links: Gewerkschaftspräsident Fritz Neugebauer, stehend Personalvertreter Gerhard Reischl, Bischof Maximilian Aichern, stehend Diözesanökonom Dr. Josef Wöckinger, Gewerkschaftspräsident Hans Sallmutter. Foto: Diözesanarchiv

Oberin Prof.in Christine Gleixner, Vorsitzende des Ökumenischen Rates der Kirchen in Österreich, war eine wichtige Partnerin von Bischof Maximilian Aichern bei der Erstellung des ökumenischen Sozialwortes 2003. Foto: Kommunikationsbüro

Bei der Präsentation des Sozialwortes des Ökumenischen Rates der Kirchen in Österreich auf dem Podium (von links). P. Dr. Alois Riedelsperger SJ, Leiter der Katholischen Sozialakademie; Bischof Maximilian Aichern; Michael Staikos, Metropolit der griechisch-orthodoxen Kirche; Oberin Christine Gleixner, Vorsitzende des Ökumenischen Rates; Herwig Sturm, Bischof der evangelischen Kirche A.B.; Michael Chalupka, Leiter der Evangelischen Diakonie. Foto: KSÖ

15 Kampf für den arbeitsfreien Sonntag

Die „Allianz für den Sonntag" und die Bemühung, am Marienfeiertag, am 8. Dezember, die Geschäfte geschlossen zu halten, waren wichtige politische Themen in der Amtszeit Bischof Maximilians.

Ein weiteres Anliegen war die Verankerung des freien Sonntags in der Bundesverfassung. Auch das haben wir noch nicht.
Ob das gelingt? Dafür werden die christlichen Kirchen immer kämpfen müssen. Das dritte Gebot Gottes, du sollst den Tag des Herrn heiligen, ist das älteste Sozialgesetz der Welt. Nicht nur die Herren, sondern auch die Arbeiter und das Vieh durften am Sabbat rasten. Der Sonntag war der erste Tag nach dem Sabbat, der erste Tag der Woche, der Auferstehungstag Christi. Die Christen haben in den ersten Jahrhunderten angefangen, diesen Tag heilig zu halten als ihren Ruhetag. So ist es durch die vielen Jahrhunderte geblieben und so wurde es von der Kirche propagiert. Aber in vielen, auch christlichen Ländern wird das aus verschiedenen Gründen nicht mehr ernst genommen.

Auch in einigen Ländern Osteuropas.
In Osteuropa ist die Sonntagsruhe zur Zeit des Kommunismus zurückgedrängt worden. In Jugoslawien hat Tito[1] alle Feiertage abgeschafft. Sie wissen, dass uns die Slowenen und die Kroaten die Initiative für den arbeitsfreien Sonntag nachmachen? Die Kirche in Slowenien und die Gewerkschaft arbeiten zusammen und haben ein Volksbegehren gemacht. Die Leute haben zugestimmt, dass der Sonntag künftig ganz arbeitsfrei sein soll. Dann sind sie aber durch Verhandlungen mit dem Staat auf eine andere Lösung gekommen. Nicht alle Geschäfte haben am Sonntag zugesperrt, sondern nur Teile. Ich kenne diese Einteilung nicht. In Kroatien wurde auch abgestimmt. Die Mehrheit war dafür, dass der Sonntag frei sein soll. Dann kam das vor den Obersten Gerichtshof und der hat festgestellt, dass es nach der Verfassung des Landes nicht gestattet ist, dass am Sonntag alle Geschäfte zugesperrt haben. Jetzt wollen sie weiterkämpfen, damit sie dieses Staatsgesetz loswerden.

---

[1] Tito wurde als Josip Broz 1892 geboren und starb 1980. Er war nach dem Zweiten Weltkrieg der Gründer und Präsident der Republik Jugoslawien.

Es stellt sich die Frage, ob sich eine solche Allianz für den Sonntag innerhalb der Europäischen Union auf Dauer wird halten lassen.

Ich möchte nicht, dass der freie Sonntag in der EU anderen Interessen geopfert wird. Wir müssen uns an den christlichen Traditionen orientieren, die wirklich der Würde des Menschen entsprechen. Dafür arbeiten wir. Christen müssen dafür immer kämpfen. Der Europäische Gerichtshof in Luxemburg hat vor einigen Jahren festgestellt, dass es für die Gesundheit des Menschen erforderlich ist, dass er 24 Stunden in der Woche frei hat, das müsse nicht zwingend der Sonntag sein. Nach unserem christlichen und kulturellen Verständnis soll es aber der Sonntag sein. Fragen Sie zum Beispiel nur einen VOEST-Arbeiter, der zum Wochenende Schicht arbeitet, der sagt: „Du fällst überall heraus, du bist bei der Blasmusikkapelle nicht mehr dabei, daheim feiern sie ein Jubiläum, du musst aber in der VOEST arbeiten und verlierst im Laufe der Zeit deine sozialen Kontakte."

Eine Schlacht, die Sie verloren haben, ist der 8. Dezember.

Das ist eine Schlacht, die wir verloren haben. Aber deswegen, weil uns die Politiker von ihren Absichten nicht informiert haben, sonst wären wir dagegen aufgetreten. Der Initiativantrag ist im Parlament über Nacht eingebracht worden.

Kann die Zwitterregelung, dass es ein Feiertag ist, die Leute aber einkaufen gehen, noch im Sinne der Kirche sein?

Gewiss nicht. Oft wurde schon gefragt: „Brauchen wir diesen Feiertag noch?" Man könnte ihn auf den Sonntag drauf verlegen oder irgendwo anders hin, dann ist das ein Wochentag, dann können die Leute einkaufen. Aber das will auch niemand. Das solle dann doch ein Feiertag bleiben, damit man ein paar Stunden flanieren und einkaufen kann.

Früher waren an den Sonntagen alle Geschäfte offen, weil die Leute, die von den Bergen heruntergekommen sind, keine andere Gelegenheit zum Einkaufen hatten. An Sonntagen haben sie dies in Verbindung mit der Gottesdienstfeier getan. Aber diese Einkaufsmöglichkeit braucht man aufgrund der Mobilität heute nicht mehr.

Man darf die Dinge, die sich manchmal entwickeln, allerdings auch nicht eskalieren lassen. Das Eskalieren und der Streit bringen nichts. Es muss eine neue Lösung für das Thema 8. Dezember gefunden werden.

„Es geht um ein Fest, in dem die Menschen insgesamt wieder einen gemeinsamen Rhythmus und Freude am Leben finden."

Bischof Maximilian Aichern im Bischofswort „Ein Wort zum Sonntag" anlässlich des Aufrufs zu einer „Allianz für den Sonntag" im März 1997.

30 VertreterInnen von Kirchen, politischen Parteien, von Familien-, Kultur-, Sport- und Hilfsorganisationen unterzeichneten auf Initiative von Bischof Maximilian Aichern am 28. November 1997 im Linzer Bischofshof die „Allianz für den arbeitsfreien Sonntag".

Fotos: Diözesanarchiv

„Die soziale Botschaft predigen genügt nicht. Die Glaubwürdigkeit entsteht durch die Tat, durch die soziale Praxis der Christen und der Kirche."

Bischof Maximilian Aichern anlässlich der Zwischenbilanz „Drei Jahre Sozialhirtenbrief der Bischöfe" im März 1993.

Bei der Marienvesper am 8. Dezember 1985 erregte Bischof Aichern mit einer Aussage österreichweites Echo: „Die Atmosphäre des öffentlichen Lebens legt uns heute nahe, einen geistigen Smogalarm auszurufen." Der Druck, am Feiertag 8. Dezember die Geschäfte für das Weihnachtsgeschäft zu öffnen, wurde immer stärker.

Anlässlich eines Studientages zum Thema Verteilungsgerechtigkeit diskutierte Bischof Maximilian Aichern im November 2004 mit dem Sozialethiker Prof. Dr. P. Friedhelm Hengsbach (rechts) und dem Geschäftsführer der Bischöflichen Arbeitslosenstiftung Christian Winkler.

Foto: Riedler

16 Zeit für Persönliches

Das Amt eines Bischofs ist zeitlich sehr fordernd. Zeit für Privates und zum Entspannen ist rar.

Wie schaut der arbeitsfreie Sonntag eines Bischofs aus?

Der Bischof hat am Sonntag auch arbeitsfrei. Ich leiste als Beitrag nur die Feier des Gottesdienstes. Manche meinen, da nehme man Geld ein. Aber das ist keine Erwerbsarbeit. Ich bekomme für eine Messe am Sonntag keinen Cent.

Es heißt, der Montag ist der Sonntag des Pfarrers. Haben Sie solche freien Tage für sich?

Fallweise, aber nicht regelmäßig. Es wäre recht und gut. Ich kenne Bischöfe und Pfarrer, die das so machen, und das zu vollem Recht. Manchmal haben Priester an Sonntagen durch Pfarrfeiern, durch Taufen und vieles mehr ein ziemlich umfangreiches Programm. Dann ist es wichtig, dass einer während der Woche einmal durchschnaufen kann. Ich habe dafür viel Verständnis und habe das immer gefördert.

Wie haben Sie es geschafft, manchmal etwas Distanz zu bekommen, durchzuschnaufen?

Immer war der Sonntag bei mir nicht mit Terminen und Aufgaben in den Pfarren voll. Aber wenn eine Pfarrvisitation ist, dann ist das Programm dicht. Während der Woche habe ich manchmal wegfahren müssen zu Aufgabenbereichen der Bischofskonferenz nach Wien, nach Salzburg oder in andere Bundesländer. Zwar ist man dann meist wieder in einer Sitzung gesessen, aber es war eine Luft- und eine Ortsveränderung.

Konnten Sie bei den Autofahrten abschalten und sich erholen?

Wenn man zwei Stunden irgendwo hingefahren wird[1], ist man froh, dass man sich vorbereiten bzw. andere Dinge tun kann. Ich bin meist im Auto aktiv durch Lesen von Sachen, für die man daheim schwer Zeit hat, oder ich bete das Brevier, wenn ich bis spät in die Nacht unterwegs sein muss.

Sie haben immer versucht, die Zeit möglichst gut zu nutzen.

Eigentlich schon. Natürlich schläft man manchmal auch im Auto ein. Außer ich bin selbst am Steuer gesessen, was auch oft vorgekommen ist.

---

[1] Über 20 Jahre hat Karl Aglas als Chauffeur Bischof Maximilian sicher gefahren.

Wann hat Ihr Tag als Bischof üblicherweise begonnen?
Üblicherweise haben wir im Bischofshof morgens um halb sieben Gottesdienst. Da muss man schauen, dass man um halb sechs aufsteht, damit man zeitgerecht in die Kapelle kommt und sich vorbereitet auf das, was dann geschieht. Anschließend ist das Frühstück.

Wann endet Ihr Tag?
Das kommt darauf an, was am Abend los ist. Wenn ich daheim bin, gehe ich ungefähr um 23 Uhr schlafen. Am Abend kann man am ehesten etwas lesen, etwas vorbereiten und ins Diktaphon diktieren. Da hat man seine Ruhe.

Eigentlich ein sehr langer Arbeitstag.
Eigentlich immer. Ich lese abends noch gerne etwas, aus laufenden Bereichen und Berichten der Kirche und der Gesellschaft bzw. auch aus Hobbys von mir wie Geschichte und ähnliche Dinge. Schwierige dogmatische Literatur, die man zum Beispiel für die Vorbereitung einer Diskussion braucht, wird man in den Abendstunden nicht mehr regelmäßig schaffen.

Haben Sie irgendwann in den letzten 23 Jahren einen Tag so richtig vertrödelt?
Ja, in den Ferien, wenn man Verwandte und nähere Bekannte besucht oder über die Berge geht, da kann man einen Tag vertrödeln.

Ist Ihnen das angenehm?
Es ist ja nicht unangenehm, wenn man sitzt und mit seinen Angehörigen ein paar Stunden redet und diskutiert oder einmal einen Spaziergang macht allein auf den Wegen, die man als Kind x-mal gerannt ist. Das ist sogar erholsam. Das kommt ja sonst nicht vor.

Das könnte vielleicht jetzt wieder kommen.
Möglich, da habe ich noch keine Erfahrung.

Es heißt, Sie trinken gerne guten Kaffee.
Ja, wenn mich die Damen an der Theke fragen, was ich trinken möchte, sage ich: „Schon was Gescheites."

„Gerade der richtig verstandene Glaube drängt ja dazu, dass wir uns für die anderen Menschen, für die Probleme der Welt einsetzen."

Bischof Maximilian Aichern in einem Interview mit der Nachrichtenagentur „kathpress" anlässlich seiner Teilnahme an der Weltbischofssynode 1987 über die Laien.

> „Es war für uns neu, dass sich ein Bischof mit den Arbeitern, den ‚kleinen Leuten', zusammensetzt, dass man ihm die Hand geben und ohne Scheu mit ihm reden kann."
>
> Eine Runde der Christlichen Betriebsgemeinde VOEST.

Haben Sie jemals selbst etwas gekocht?
Na, freilich. Das habe ich gerne gemacht. Knödel und Schnitzel sind mir nie gut gelungen, aber vieles andere schon. Schon als Jugendlicher und auch später noch bei Kinder- und Ministrantenlagern, bei Jungschar- und Jugendlagern. Ich habe viel gekocht. Ich habe das lieber gemacht, als mit einer Gruppe Geschichten vorzulesen oder Ballspielen zu gehen oder irgendwo herumzukraxeln. Ich habe lieber mit einer Gruppe gekocht. Knödel sind mir leider immer zerfallen. Das haben sie mir daheim oft und oft erklärt, aber ich habe es nie richtig zusammengebracht.

Können Sie ein Gulasch kochen?
Ein Gulasch schon, denn meistens, wenn wir zu kochen angefangen haben, ist es zuletzt eh immer ein Gulasch geworden *(er lacht)*.
Natürlich dürfen Sie nicht glauben, dass wir riesige Braten gemacht haben bei den Lagern. Einfache Sachen, ein Gulasch, Reisfleisch, eine Suppe und so etwas. Das habe ich mit Begeisterung gemacht. Da schwärmen heute noch ehemalige, heute längst erwachsene Jungscharkinder. Einmal waren wir eine kleinere Gruppe, nur ungefähr 15, und da habe ich gemeint, alle sollen ein paar Eier mitnehmen, mindestens fünf. Na, mit welcher Vorsicht alle die Eier beisammen gehabt haben! Da ist wirklich nichts kaputt gewesen. Dann haben

> „Bischof Maximilian hat die freundlichsten Augen der Welt. Sein Lieblingswort ist danke."
>
> **Michael Chalupka,** evangelischer Pfarrer und Leiter der Evangelischen Diakonie, 2005 in einem Beitrag in der „Furche" zum Abschied von Bischof Maximilian aus dem Bischofsamt.

wir in dem alten Bauernhaus zuerst einen Tag lang putzen müssen, weil alles so schmutzig war. In alte Pfannen hinein haben wir die Eierspeise gemacht mit 80 Eiern. Natürlich sind beim Einschlagen auch viele Schalen mitgegangen. Und das Essen ist dann viel rascher gegangen als das Kochen. An das denken so manche heute noch.

Haben Sie als Bischof vermieden zu sagen, was Ihre Lieblingsspeise ist, damit Sie nicht bei allen Visitationen dasselbe bekommen?
Das habe ich immer vermieden. Ich habe nur einmal sagen müssen: „Macht doch nicht immer Schnitzel." Eine Zeit lang hat es überall, wo man hingekommen ist, am Sonntag Schnitzel gegeben. Das war prächtig, aber dann doch zu viel des Guten. Ich habe immer gebeten: „Bitte, so einfach wie möglich und so wenig wie möglich."

Was bestellen Sie, wenn Sie allein ins Gasthaus gehen?
Irgendetwas, was geschwind geht. Ein Paar Würstl etwa.

Kinder und Jugendliche sind für Bischof Aichern ein großes pastorales Anliegen. In ihrer Nähe scheint er sich auch persönlich wohl zu fühlen. Foto: Kommunikationsbüro

Im Jahr 1995 ging Bischof Maximilian mit den Schülerinnen und Schülern der Oberstufe des Kollegium Petrinum auf Pilgerfahrt ins Heilige Land. Foto: Diözesanarchiv

Jedes Jahr statteten die Sternsinger Bischof Maximilian einen Besuch im Bischofshof ab.
Fotos: Kommunikationsbüro

Die Fragen der jungen Menschen schätzte Bischof Aichern stets wegen ihrer Offenheit. Magdalena Hartl von der Katholischen Jungschar befragte ihn zum Beispiel genau über den Kirchenbeitrag.

Was die jungen Burschen wohl werden? Bischof Maximilian erkundigte sich bei der Berufsinformationsmesse in Wels im Oktober 2004 persönlich.

Dichtes Gedränge rund um den Altar beim Vaterunser im Festgottesdienst anlässlich des Jubiläums „50 Jahre Katholischer Familienverband". Foto: Katholischer Familienverband

Für künftige Freizeitaktivitäten überreichten die Teilnehmer am Jungschar-Mosaik im Juli 2005 dem angehenden Pensionisten einige Utensilien wie ein Kapperl, das der Bischof gleich probierte. Foto: Katholische Jungschar

17 Die Kirche in der Gesellschaft

> Durch seine vielfältigen Kontakte zu Vertretern aller wichtigen gesellschaftlichen Gruppen und seinen offenen Kontakt mit Menschen aller Schichten hat sich Bischof Aichern einen offenen, nüchternen Blick auf die Welt geschaffen. Zudem ist Bischof Aichern in der Bischofskonferenz auch für die Katholische Frauenbewegung Österreichs zuständig.

Welche Autorität hat Kirche Ihrer Einschätzung nach im öffentlich-politischen Feld?

Die Kirche und die Meinung der Kirche sind sicherlich gesucht und gefragt. Wie weit es bei den Kompromissen der einzelnen politischen Parteien möglich ist, auf alles Rücksicht zu nehmen, was unserer Meinung nach dem Menschen dient, ist manchmal eine andere Frage. Aber immerhin, die Bereitschaft, die Kirche zu hören, mit ihr zu sprechen, ist da gewesen.

Nur in sozialen Fragen?

Nein. Die anderen Bischöfe haben abgedeckt, wofür sie in der Bischofskonferenz zuständig waren. Zum Beispiel in Schulfragen war ich nie in Verhandlungen eingebunden, weil das Sache des Schulbischofs ist. Das war lange Zeit Bischof Krätzl und jetzt ist es schon wieder seit über zehn Jahren Kardinal Schönborn. Wenn es um Angelegenheiten des diözesanen Schulamtes gegangen ist, musste ich selbst intervenieren, wie es eben jetzt bei den Überlegungen zur pädagogischen Hochschule der Fall ist.

Der Kirche wird in sozialen Fragen eine relativ hohe Autorität zugestanden, da wird Kirche gehört, die Caritas wird immer wieder gelobt ...

Das stimmt, das ist immer wieder zu hören.

Das soziale Feld scheint relativ unumstritten.

Das erwächst aus der Nächstenliebe, die Jesus uns aufgetragen hat. Hilfe für den Menschen, dass er leben kann, dass er mit Würde leben kann, darum geht es der Kirche, darum geht es vielen Politikern, darum geht es auch den Gewerkschaften. Auch in Unternehmerkreisen wissen sehr viele, wenn man die Würde

> „Frauen sollten von Anfang an in Planungen und Entscheidungen der Kirche einbezogen sein, weil auch sie davon betroffen werden und weil ihre besonderen Erfahrungen wertvoll sind."
>
> **Bischof Maximilian Aichern** in seiner Ansprache vor der Weltbischofssynode über die Laien im Oktober 1987 in Rom.

der Mitarbeiter beachtet, hat man sie umso mehr auf seiner Seite, weil sie sich mit dem Betrieb und der Arbeit identifizieren.

Schwieriger scheint es mit der Autorität der Kirche in Fragen des persönlichen Lebens. In Fragen der persönlichen Lebensführung, der Ehe und Familie, auch im Bereich von Frauen gesteht man der Kirche relativ wenig Autorität zu. Nehmen Sie das auch so wahr?

Das sind sehr schwierige Fragen. Es gab gerade in der Diözese Linz wie auch in anderen Diözesen große Anstrengungen, in der Seelsorge die persönlichen Lebensverhältnisse der Menschen zu sehen und ihnen angemessen zu helfen. Wenn es um die Stellung der Frau geht, kommt Kirche von der gesellschaftlichen Situation vergangener Zeiten noch immer zu wenig weg. Es hat lange gedauert, bis die Stellung der Frau so gekommen ist wie heute, auch im staatlichen Bereich. Die letzten hundert Jahre haben viel gebracht. Die erste Parlamentarierin der christlich-sozialen Partei, Hildegard Burjan, ist erst nach 1918, nach der Gründung der Ersten Republik, in das Parlament gekommen. Die Frauen durften erstmals 1919 wählen. Wie spät ist das alles. Kirche hängt der gesellschaftlichen Einstellung nach, dass Männer die Leitung der äußeren Bereiche dieser Welt haben und die Frauen bei ihren Familien für Erziehung und das Heim zuständig sind. Es hat natürlich im Laufe der Geschichte viele Frauen gegeben, die über diese Aufgaben hinausgewachsen sind und auch in Kirche und Welt Bedeutung gehabt haben. Aber das waren eher Einzelne. Auf der anderen Seite darf man nicht vergessen, dass Kirche Frauenklöster immer sehr geschätzt hat und dass in den Frauenklöstern sehr viel Demokratie vorhanden ist. Die Äbtissin wird gewählt, für die einzelnen Bereiche gibt es die Besprechungen des gesamten Konventes und die Äbtissin kann sich darüber nicht hinwegsetzen. Es hat in der Kirche schon immer demokratische Elemente gegeben, auch durch die Ordensregel des heiligen Benedikt. Aber die breite demokratische Überlegung ist doch erst im vergangenen Jahrhundert so deutlich geworden. Da ist es natürlich auch in der Kirche zur Emanzipation der Frau gekommen. Über traditionelle Formen hinweg haben Frauen begonnen, eine immer größere Rolle zu spielen, nicht nur in der Glaubensweitergabe, durch den Religionsunterricht und was sie daheim ihren Kindern weitergegeben haben, sondern auch durch ihre

Mitarbeit in den Pfarren, durch die Zusammenschlüsse in der Katholischen Aktion. Ich meine, diese Entwicklung ist bei weitem noch nicht abgeschlossen. Heute sind Frauen doch in der Kirche in sämtlichen Bereichen am Werk. Denken Sie an die Fachfrauen in der Verwaltung von Diözesen, zum Beispiel als Finanzkammerdirektorin, Kirchenzeitungschefredakteurin, Schulamtsleiterin, Rektorin der Universität oder Ordinariatskanzlerin, wo sie für Tausende Menschen Verantwortung tragen. Der Zugang zum Weiheamt jedoch ist Frauen nicht möglich. Da halten die römisch-katholische und die orthodoxe Kirche, auch die altorientalische Kirche an der Tradition fest. Das heißt aber nicht, dass Frauen nicht in der Seelsorge Mitverantwortung haben können, zum Beispiel als Pastoralassistentinnen, als Religionslehrerinnen, als Pfarrassistentinnen. Aber zur Amtsfrage hin ...

... schaut es momentan nicht nach Fortschritt aus ...
... weil es nicht in der Tradition der Kirche ist.

Sie haben in der Diözese Linz eine Frauenkommission installiert und haben die Vorsitzende der Frauenkommission[1] auch in das Konsistorium[2] kooptiert. Das ist ein großer Schritt innerhalb der Möglichkeiten, die es derzeit gibt.
Fast jede Diözese hat eine Frauenkommission gegründet, weil wir darüber in der Österreichischen Bischofskonferenz gesprochen haben und es für richtig empfunden haben. Es ist wichtig, dass die Stimme der Frauen im engsten Beratungsgremium des Bischofs einen Platz hat. Nicht nur die Stimme des Klerus, nicht nur die Stimme der Männer, sondern auch die Stimme der Frauen.

Stellen Sie einen Unterschied fest, wenn eine Frau im Beratungsgremium des Bischofs Sitz und Stimme hat? Hat es Auswirkungen auf das, was und wie gesprochen wird?
Ich denke, dass genauso offen und ehrlich wie vorher auch in Gegenwart der Frauen gesprochen wird. Die Sicht der Frauen ist wichtig, weil von der persönlichen Eigenart als Frau, als Mann, die uns der Schöpfer gegeben hat, alle auf ihre Art das Leben und den Glauben weitergeben können. Männer sehen vieles anders als Frauen.

Aber nur Frauen müssen seit 100 Jahren und länger immer wieder argumentieren, warum sie meinen, auch wählen zu dürfen, auch studieren zu dürfen, damit sie auch teilhaben dürfen am gesellschaftlichen Leben.
Aber ich meine, das ist heute keine Diskussion mehr, auch von Seiten der Männer nicht. Das ist heute Gegebenheit.

---

[1] Die Frauenkommission der Diözese Linz, 1997 von Bischof Aichern eingesetzt, versteht sich als Interessenvertretung der in der Kirche lebenden und arbeitenden Frauen und setzt sich für strukturelle Gerechtigkeit für Frauen in der römisch-katholischen Kirche ein.
[2] Das diözesane Konsistorium berät den Bischof in allen wichtigen Fragen der Leitung der Diözese. Ihm gehören alle Amtsleiter, Bischofsvikare, Domkapitulare sowie die Vorsitzende der diözesanen Frauenkommission an.

So richtig durchlässig ist die Gesellschaft für Frauen trotzdem noch nicht.

Wird das jemals sein? Dort, wo Pressure-Groups sind, kann es sein, dass Frauen Männer unterdrücken. Aber umgekehrt waren auch Männer so bullig, dass sie die Frauen einfach weggeschoben haben. Aber ich meine, der Grundkonsens ist da, dass wir gleichwertig und gleichberechtigt sind. Die Kirche hat natürlich ihre Traditionen und in der Tradition ist es begründet, dass durch Jesus über die Apostel das männliche Priestertum eingeführt worden ist, und so ist es bis heute geblieben. Jesus hat sich da nicht genau ausgedrückt. Er hat aber für die Frauen mehr gemacht und sie anders behandelt, als in der damaligen Zeit üblich war. Aber ins Amt, sozusagen als Apostel, aus dem sich dann das Priesteramt entwickelt hat, hat er sie nicht genommen. Obwohl Frauen eine große Rolle gespielt haben. Zum Beispiel Maria Magdalena als Botin der Auferstehung. Magdalena wird von alten Kirchenschriftstellern oft Apostolin genannt.

Zu mir hat einmal ein Kind gesagt: „Ich heiße Magdalena, die Magdalena, das war eine Apostolin." Ich habe sie gefragt: „Weißt du das so genau? Jesus hat doch zwölf Apostel berufen." „Aber Magdalena hat gesagt, dass Jesus auferstanden ist", hat das Mädchen erwidert. Sie war noch gar kein Firmling. Irgendwer hat ihr das einmal gesagt und das hat sie sich gut gemerkt.

> „Wenn man sich heute damit begnügt, die heilige Messe zu feiern und von der Kanzel herab zu predigen, wird man niemanden retten."
>
> **Kardinal Joseph Cardijn,** Gründer der Christlichen Arbeiterjugend.

Diese Namenspatronin trägt wahrscheinlich auch zum Selbstwert dieses Mädchens bei.

Kirche sieht immer mehr, dass es nur in einem Miteinander von Priestern und Laien geht. Der Standort der Laien wird nach dem letzten vatikanischen Konzil eine sicher noch immer größere Bedeutung finden, wie die Bedeutung ja auch da war in den frühchristlichen Kirchen. Mehr als im ganzen Mittelalter, wo die Kirche sich zur Kleruskirche entwickelt hat. Ich meine, davon sind wir durch das Zweite Vatikanische Konzil wieder etwas weggekommen. Und diese Entwicklung ist noch nicht abgeschlossen. Auch andere christliche Kirchen ringen um das Frauenpriestertum. Das geht bis hin zu Spaltungen in manchen christlichen Kirchen. Das will die römisch-katholische Kirche vermeiden.

Für seine konsequente Verwendung männlicher und weiblicher Formen in seiner Sprache wurde Bischof Aichern von der Frauenkommission der Diözese im Jahr 2003 mit dem „Frauenschuh" ausgezeichnet. Die scheidende Vorsitzende der Frauenkommission Margit Hauft (rechts) und die neu gewählte Vorsitzende Mag.[a] Dorothea Schwarzbauer-Haupt (~~rechts~~) *links* gratulierten.
Foto: Diözesane Frauenkommission

Die Diözesane Frauenkommission hat in Linz einen Gleichstellungsplan erarbeitet und mit Unterstützung des Bischofs Schritte zur Förderung von Frauen im kirchlichen Dienst erarbeitet. Mitglieder der Frauenkommission von links: Gabriele Miglbauer, Mag.[a] Irmgard Lehner, Mag.[a] Dorothea Schwarzbauer-Haupt, Bettina Groiss-Madlmair, Maria Mitterhuber-Pfeiffer.
Foto: Kommunikationsbüro

18 Die Pastoral der Zukunft

> Wie die Pastoral in Zeiten zunehmenden Priestermangels gestaltet werden kann, beschäftigt auch die Diözese Linz. Hier versucht man, die verschiedenen pastoralen und liturgischen Aufgaben auf möglichst viele gut qualifizierte Menschen zu verteilen. Bei der sogenannten „Laiensynode" 1987 in Rom war Bischof Aichern der Vertreter der österreichischen Kirche.

Bei uns wird die Frage nach der Zusammenarbeit von Priestern und Laien immer drängender, weil es immer weniger Priester gibt. Wie kann das, was lokal wächst und notwendig ist, gesamtkirchlich gesehen und berücksichtigt werden?

Dass es schon berücksichtigt wurde, haben wir durch das letzte Konzil gesehen. Damals wurde die Mitverantwortung auf lokaler Ebene, auf diözesaner Ebene und auf weltkirchlicher Ebene durch Synoden[1] eingeführt. Das ist alles ausbaufähig. Ich weiß nicht, was Papst Benedikt XVI. vorhat. Er hat die bisherige Arbeit der Synoden zeitlich verkürzt. Die Synoden dauerten bisher vier bis fünf Wochen in einer Art und Weise, die sehr ermüdend war. Er hat das verkürzt auf nur drei Wochen und auch die Art und Weise etwas anders gestaltet. Eine Synode soll den Papst in einer wichtigen Frage von der Weltkirche her, von Priestern und Laien, beraten. Die letzten Synoden unter Johannes Paul II. haben wenig Neuerungen gebracht. Das nachsynodale Papier zur Laiensynode „Christifideles Laici"[2], das ist großartig.

Auch das Schlusspapier der Synode über die Orden 1994[3], bei der ich im Auftrag der Österreichischen Bischofskonferenz mitgewirkt habe, empfinde ich als gut. Es hat aber etliche andere Synoden gegeben, da wurde im Schlussdokument praktisch nur die bisherige Tradition wiederholt.

---

[1] Weltbischofssynoden werden vom Papst nach Bedarf einberufen. Sie dienen der Erörterung wichtiger Themen durch Bischöfe und Experten aus der ganzen Welt.

[2] „Christifideles Laici"hieß das 1988 veröffentlichte nachsynodale apostolische Schreiben von Papst Johannes Paul II. über „Berufung und Sendung der Laien in Kirche und Welt".

[3] Die Weltbischofssynode „Über das gottgeweihte Leben" wurde 1994 in Rom abgehalten.

Was ist aus Ihrer Sicht von der Synode über die Laien noch zu verwirklichen und umzusetzen?

Da gäbe es sicherlich Entwicklungspotentiale. Ein Hauptpunkt, um den viel gerungen wurde, ist das heutige Miteinander von Priestern und Laien in der Seelsorge nach Kompetenzen und nach Fähigkeiten. Das war ein Schlüsselsatz, um es jetzt verkürzt zu sagen, der Gewicht hat, bis heute. Obwohl die Synode vor bald 20 Jahren gewesen ist.

Hat für Sie das Miteinander von Priestern und Laien eine Rolle gespielt in der Entwicklung der „Seelsorge in der Zukunft" hier in der Diözese?

Natürlich, das Miteinander nach Kompetenzen. Der Priester hat seine Kompetenz. Der Laie hat seine Kompetenz durch Teilhabe am Dienst des Priesters. Er ist ein theologischer Assistent. Er hat selbst Theologie studiert, besitzt aber keine Weihe. Beim Zweiten Vatikanischen Konzil hat man auch Ständige Diakone[1], die die sakramentale Weihe bekommen, eingeführt. Diakone in dieser Form hat es über viele Jahrhunderte nicht mehr gegeben. Familienväter, die sich im Beruf, in der Familie, im Dienst in der Pfarrgemeinde bewährt haben, können zu Diakonen geweiht werden. Viele meinen, es könnte auch eine Priesterweihe folgen.

Auch Ihr Nachfolger Bischof Ludwig Schwarz hat sich zu diesem Thema schon geäußert.[2]

Ja, dass man darüber weiterreden muss.

Dem stimmen Sie zu?

Dem stimme ich selbstverständlich zu. Das liegt ja seit Jahrzehnten in der Luft. Es hat sogar schon eine Bischofssynode über diese Fragen gegeben. Allerdings war die schon 1972.

Welche Erfahrungen haben Sie mit Diakonen gemacht? In der Diözese Linz wurden während Ihrer Amtszeit sehr viele Diakone bestellt.

Ungefähr 70 Diakone wurden bestellt. Die Erfahrung hat gezeigt, dass sie akzeptiert werden, wenn sie Persönlichkeiten sind. Auch wenn sie verheiratet sind, auch wenn sie in einem weltlichen Beruf arbeiten und dann an einem Sonntag oder am Abend ehrenamtlich und manche auch hauptamtlich in der territorialen und in der kategorialen Seelsorge mitarbeiten. Ein Diakon, wenngleich er manche Dienste tun kann, die auch der Priester macht, ersetzt aber den Priester nicht. Dem Priester vorbehalten sind die Eucharistie, das Bußsakrament, die Krankensalbung und die Leitung der Pfarre.

Haben Sie bei der Laiensynode eine spezielle Eingabe gemacht?

Selbstverständlich. Das war eine Rede von elf Minuten. Doktor Ernst Waldstein war mein Berater von Seiten der Männer und Waltraud Lutz von der Basisge-

---

[1] Das Diakonat ist einerseits eine Vorstufe zum Priesteramt, andererseits seit dem Zweiten Vatikanischen Konzil ein eigenständiges Berufsbild. „Ständige Diakone" sind – meist verheiratete – Männer, die haupt- oder ehrenamtlich Aufgaben in der Seelsorge übernehmen, in der Liturgie und Sakramentenspendung assistieren und unter anderem auch predigen.

[2] In seiner Antrittspressekonferenz am 8. Juli 2005.

> „Es ist dem intensiven Engagement vieler Laien zu danken, dass ihr Einsatz heute Lebensfundament unserer Glaubensgemeinschaft ist."
>
> **Bischof Maximilian Aichern** in einer Rede anlässlich des 80. Geburtstages von Dr. Ernst Waldstein, dem langjährigen Vorstandsmitglied der Katholischen Aktion Österreichs.

meinde in Wien-Machstraße[1] war meine Beratung von Frauenseite her. Sie waren mit mir auf der Synode. Bei der Ordenssynode war der Generalsekretär der Superiorenkonferenz, Pater Leonhard Gregotsch, der Berater von Seiten der männlichen Orden und die Vizevorsitzende der Regionalkonferenz der Ordensoberinnen von ganz Österreich, die Provinzialin der Ursulinen Sr. Dr.^{in} Maria Elisabeth Göttlicher, die Beraterin von Seiten der weiblichen Orden. Sehr gut haben wir bei den Synoden mit Kardinal Wetter[2] von München zusammengearbeitet. Das ist auch ein Seelsorgsbischof.

Seelsorgsbischof heißt?
Er ist nicht nur im wissenschaftlich-theologischen Bereich tätig, sondern er denkt in seinem Hirtendienst an die Menschen, an die Frauen und Männer, an die Priester, die an der Basis arbeiten, und ist auch immer mitten unter ihnen. Das ist ein Bischof für die Seelsorge.

Es wird auch Ihnen zugeschrieben, dass Sie ein Seelsorgsbischof sind.
Ein Bischof ist in erster Linie für das Volk Gottes da. Es ist wichtig, die Lehre und die Weltkirche zu sehen, aber die konkreten Menschen am Ort brauchen die konkrete Anwendung durch das Evangelium und die Sakramente.

Sie sagen, wenn ein Diakon eine Persönlichkeit ist, wird er von den Menschen akzeptiert. Das gilt gleichermaßen für die Pastoral- und die Pfarrassistenten?
Selbstverständlich.

Hat sich das Modell der Pfarrassistenz, das noch sehr jung und eigentlich noch ein Experiment ist, aus Ihrer Sicht bewährt?
Das ist nach dem kirchlichen Gesetzbuch seit 1983 möglich. Diese Form wird auch an verschiedenen anderen Stellen der Weltkirche angewendet und wir haben es auch im Bereich der Österreichischen Bischofskonferenz beschlossen.

---

[1] Die Basisgemeinde Machstraße in Wien wurde 1966 gegründet. Basisgemeinden versuchen, in Tradition der Urkirche in geschwisterlicher Gemeinschaft in der Nachfolge Christi zu leben.
[2] Kardinal Friedrich Wetter (geb. 1928) leitet seit 1982 das Erzbistum München und Freising.

Schon 1987 erhielt Bischof Maximilian für seine Rede am Diözesantag viel Beifall. In der vorangegangenen Diözesansynode wurden die Weichen für den gemeinsamen Weg in der Pastoral der Diözese Linz gelegt. Foto: Diözesanarchiv

Der Priester als Vorsitzender der Eucharistie ist der geistliche Leiter der Pfarrgemeinde. Er hat an seiner Seite, wenn er für mehrere Pfarren der geistliche Leiter ist oder in anderen Aufgabenbereichen tätig ist, eine Pastoralassistentin, einen Pastoralassistenten, die ihm Aufgaben in der Seelsorge abnehmen können. Zum Beispiel die theologische Assistenz bei der Katholischen Aktion, Verwaltungsaufgaben, aber hauptsächlich Seelsorgsaufgaben, Aufgaben im Dienst der Liturgie, Wortgottesdienste. Manche Laien sagen, sie sind die Leiter der Pfarrgemeinden, aber das ist nicht nach dem Konzept der Kirche. Der Priester ist, auch wenn er nur für die Gottesdienste zuständig ist, der geistliche Leiter der Pfarrgemeinde. Das andere ist Assistenz, ist Hilfe, deswegen heißt es auch Pfarrassistenz.

Welche Strukturen braucht die Pastoral, um zukunftsfit zu sein? Im sogenannten „Strukturprozess" beraten die leitenden Angestellten und Vertreter diözesaner Gremien gemeinsam mit dem Bischof.

In vielen Sitzungen wird der Strukturprozess der Diözese beraten. Unter anderem im Dezember 2002 im Greisinghof (von links): Mag. Siegfried Primetshofer, Finanzkammerdirektor; Dr. Karl Aufreiter, Schulamtsdirektor; Msgr. Johann Bachmair, Generaldechant; Hubert Frank, Controller; Dr. Markus Lehner, KTU; Bischof Maximilian Aichern; Mag. Maximilian Mittendorfer, Generalvikar; Otto Märzinger, Betriebsrat; Margit Hauft, Präsidentin der Katholischen Aktion; Mag. Josef Ahammer, Bischofsvikar; Mag.ª Brigitte Gruber-Aichberger, Direktorin Pastorale Berufe; Matthias Mühlberger, Caritasdirektor; Prälat Josef Mayr, Bischofsvikar; Dr. Alfred Tschandl, Ökonom; Mag. Ferdinand Kaineder, Kommunikationsbüro.

Mit einer breit angelegten Imagekampagne „Stell dir vor – Kirche" geht die Kirche neue Wege. Von links: Sr. Dr.in Kunigunde Fürst, Generaloberin der Franziskanerinnen von Vöcklabruck; Mag. Christian Sinnhuber, Religionslehrer am Khevenhüller-Gymnasium; Bischof Maximilian Aichern.

„offen.beherzt.vielstimmig" präsentierte sich die katholische Kirche Oberösterreichs beim Fest der Begegnung 2002 in Wels. Das Beisammensein bot auch Gelegenheit, sich bei Bischof Maximilian für sein Wirken als Bischof von Linz seit 20 Jahren zu bedanken.

Fotos: Kommunikationsbüro

Bischof Maximilian mit Mitarbeitern und Mitarbeiterinnen der Kirchenbeitragsstellen, die in ihrem Bereich mit großem Einsatz für die Sache der Kirche tätig sind.

Foto: Kommunikationsbüro

„Geöffnet" waren in der Fastenzeit 2001 mehrere „heilige Orte" des Landes Oberösterreich. Bischof Maximilian Aichern präsentierte zusammen mit Pfarrer Christian Öhler (links) und Ferdinand Kaineder (Kommunikationsbüro) die Taufgrotte der Pfarre Marcel Callo in Linz-Auwiesen. Sie befindet sich im ehemaligen Turbinenhaus der früheren Linzer Tuchfabrik.

Foto: Diözesanarchiv

19 Zugang zum Amt

> Der Zugang zum Priesteramt ist derzeit nur zölibatären Männern möglich. Eine Ausweitung auf bewährte verheiratete Männer würde wohl auch die Zustimmung von Bischof Aichern finden.

Es fällt einem oft das Wort ein, dass die ganze Schöpfung noch in Wehen liegt, auch bei den Fragen der Pfarrleitung.
Es ist ganz genau so. Es gibt auch in der Kirche immer wieder Entwicklungen, die die Zeitumstände sehen und den Menschen helfen müssen.

Es gibt manchmal auch von Seiten der Priester eine Unzufriedenheit mit der Entwicklung. Sie fühlen sich reduziert auf das Messelesen und Sakramentespenden und können ihrer Tätigkeit als Seelsorger schon aus Zeitgründen nicht mehr nachkommen.
Das muss von Fall zu Fall festgestellt werden. Wenn ein Pfarrer keinen Pastoralassistenten haben will, muss er keinen bekommen. Aber zum Dienst und zur Hilfe ist ein Pastoralassistent angebracht, vor allem, wenn es um eine größere Pfarrgemeinde oder um mehrere Pfarrgemeinden geht. Aber es wird niemanden eine solche Hilfe aufoktroyiert. Es gibt auch Möglichkeiten, dass Laien ehrenamtlich mithelfen, zum Beispiel in der Caritas, in der Liturgie, in der Kinderseelsorge. Es gibt verschiedene Modelle, wie wirkkräftig für die Seelsorge gearbeitet werden kann.

Manchmal sagen Priester von sich selbst, sie seien ein Auslaufmodell.
Wenn das jemand behauptet, dann denkt er wirklich nicht katholisch. Zur katholischen Kirche ist das Priestertum nötig und etwas Essentielles. Es hat schon viele Zeiten gegeben, wo einmal mehr, einmal weniger Priester gewesen sind. Auch in Oberösterreich hat es unter Bischof Ziegler[1], unter Bischof Rudigier[2] verhältnismäßig wenig Priester gegeben. Auch da war einer für mehrere Pfarren zuständig. Damals hat es kein Auto gegeben und die Priester haben den Religionsunterricht überall selber gehalten. Das war noch mühevoller als heute. Nur heute ist die Seelsorge viel lebendiger. Man sieht die Mitverantwortung der Laien und die Amtskirche hat das ja beim Konzil forciert. So war es schon in der

---

[1] Bischof Gregorius Thomas Ziegler (1770–1852), Benediktiner, war von 1827 bis 1852 Bischof in Linz.
[2] Bischof Franz Joseph Rudigier (1811–1884) war von 1852 bis 1884 Bischof in Linz. Bereits 1895 wurde ein Seligsprechungsverfahren für ihn eingeleitet, das bis heute nicht abgeschlossen, aber dessen Fortführung von Bischof Maximilian Aichern sehr gefördert wurde.

> „Wir glauben und leben die Kirche als Gemeinschaft. Communio ist mehr als ein Schlagwort für die Kirche. Lehre und Seelsorge, Glaube und Leben, Priester und Laien als Mitarbeiter der Kirche gehören zusammen."
>
> **Bischof Maximilian Aichern** in seiner Dankansprache anlässlich der Verleihung der Ehrendoktorwürde durch die Katholisch-Theologische Fakultät der Universität Passau am 13. Juli 1993.

frühen Kirche und so darf es auch heute sein. Ich denke, die Mitverantwortung der Laien wird bestehen bleiben, auch wenn einmal eine Periode kommt, wo wieder genügend Priester da sind.

Ich verstehe Sie richtig, dass Sie dafür sind, dass über die Zugangsbestimmungen zum Amt diskutiert wird, um mehr Priester zu bekommen?

Das liegt im Zug der heutigen Zeit und wird schon länger gemacht. Schon bei der Weltbischofssynode 1972 ist es um die Viri probati gegangen. Aber die Mehrheit der Bischöfe hat damals entschieden, dass es beim verpflichtenden Zölibat für die Weltpriester bleibt.

Manche meinen, nach den Viri probati müsste man auch über das Diakonat der Frau sprechen.

Das wird schon längere Zeit gemacht. Es hat darüber Beratungen und Symposien gegeben. Auch in Rom ist das behandelt worden. Eine endgültige Beurteilung ist meines Wissens noch offen.

Was würden Sie vom Prinzip der Stärkung der Ortskirche in dieser Frage des Diakonats für die Frau halten?

Die katholische Kirche ist eine Weltkirche, deren Beschlüsse für die gesamte Kirche gelten. Wenn, dann kann eher nur durch eine Synode oder ein Konzil zusammen mit dem Papst eine Neuerung beschlossen werden. Diakonissen, zwar nicht nach der Art des Männerdiakonats, aber als entsprechende Helferinnen hat es in der Geschichte schon gegeben. Die sakramentale Art des Diakonats hat sich im Lauf der Zeit verändert, und da wird die Theologie noch einiges weiterdenken müssen.

Wenn Sie als Bischof aufhören, scheiden Sie auch aus allen weltkirchlichen Gremien aus. Hätten Sie gerne noch mitdiskutiert und mitbeeinflusst, wie sich diese Fragen entwickeln?

Ich habe oft genug bei Synoden und anderen Gelegenheiten meine Stimme erhoben. Ich glaube, es ist bekannt, was ich denke.

Wie könnte in zehn Jahren das Pastoralbild der Diözese Linz aussehen aufgrund der Entwicklungen, wie Sie sie nach 23 Jahren kennen?

Das ist schwer zu sagen, denn ich bin nicht unbedingt ein Visionär. Aber ich denke, die bestehenden Entwicklungen, die das Zweite Vatikanum eingeleitet hat, werden noch zu einem Gutteil weitergehen müssen. So manches, das damals grundgelegt wurde, ist noch gar nicht vollends ausgereift. Dass es da zwischen Ländern mit unterschiedlichen Kulturen und Traditionen auch Spannungen gibt, ergibt sich aus den Tatsachen. Das muss gelassen getragen werden und das muss weltkirchlich und ortskirchlich immer wieder besprochen und aufgearbeitet werden. Es wird ganz gewiss weitere Entwicklungen geben. Jetzt warten wir geduldig, was der derzeitige Papst dazu beitragen wird.

Welche Rolle kann dem Priesterseminar in der Zukunft zukommen?

Ein Priesterseminar ist immer ein Herzstück jeder Diözese. Hier werden zumeist jüngere Männer spirituell und praktisch auf die priesterlichen Aufgaben in der Seelsorge vorbereitet. Es geht um die persönliche und spirituelle Bildung, um die eigene Glaubensfestigung und Glaubensvertiefung, es geht um das theologische Wissen und es geht vor allem darum, dass die Kandidaten fähig werden, den Menschen im Wort des Evangeliums und in den Gaben der Sakramente geistliche Lebenshilfen zu geben. Für ihre zölibatäre Lebensform als Priester sollen sie in der Ausbildung ein gutes, menschlich reifes Fundament bekommen.

> „Ein Herzstück unserer Diözese ist das Priesterseminar und die Katholisch-Theologische Privatuniversität päpstlichen Rechtes."
>
> **Bischof Maximilian Aichern** am 10. Juli 2005 beim Dankgottesdienst im Linzer Dom.

Belastet es Sie, dass nur wenige Kandidaten in das Priesterseminar eintreten?

In einer Zeit, in der es wesentlich weniger Geburten, größere Auswahlmöglichkeiten in den akademischen Berufen und liberalere Lebenshaltungen sowie weniger Bindungen an die Kirche gibt, erleben wir natürlich auch eine geringere Zahl geistlicher Berufungen. Das ist bedauerlich. Wir müssen die Familien stärken, ein lebendiges Pfarrleben erhalten, wo Kinder und Jugendliche sich wohl fühlen und Priester und Mitarbeiter gesprächsbereite Vorbilder sind. Das Gebet und die diözesane Berufungspastoral sind gewiss wichtige Hilfen. Berufungen zum Priesteramt liegen aber nicht allein in menschlicher Macht.

Das Miteinander von Priestern und Laien nach Fähigkeiten und Kompetenzen stellt auch Priester vor neue Herausforderungen. Bischof Maximilian im Gespräch mit Pfarrer Mag. Helmut Part, Stadtpfarre Urfahr, links, und Pfarrer Dr. Dominik Nimmervoll, Linz-St. Leopold, rechts, anlässlich der Visitation 1999 in St. Leopold. Foto: Lachmayr

Während seiner Amtszeit hat Bischof Maximilian rund 70 Männer zu ständigen Diakonen geweiht. Im Juli 1999 waren es in Hochburg-Ach Josef Schwanninger (der Bischof überreicht ihm gerade das Evangeliar) und Leopold Esterbauer (ganz rechts). Foto: Schwanninger

Der Vorstand der Arbeitsgemeinschaft der Laientheologinnen und Laientheologen traf sich – wie auf dem Foto aus dem Jahr 1992 dokumentiert – mit Bischof Maximilian regelmäßig zum Gespräch. Foto: Kaineder

In einer Sendungsfeier werden die Pastoralassistenten und Pastoralassistentinnen vom Bischof in ihren Dienst geschickt. Ihre Aufgaben sind gerade durch den zunehmenden Priestermangel ständig angewachsen. Das Amt des Pfarrassistenten und der Pfarrassistentin wurde neu geschaffen. Foto: Diözesanarchiv

Bischof Maximilian bei der Weihe von Markus Menner zum Priester am 29. Juni 2004 im Linzer Dom. Die Zahl der Neupriester war auch in Linz in den vergangenen Jahren stark rückläufig.
Foto: Kommunikationsbüro

Schule und Bildung in kirchlicher Trägerschaft waren auch in der Amtszeit Bischof Maximilians ein großes Thema. Es wurde dafür gekämpft, dass die Pädagogische Akademie der Diözese bestehen bleibt. Die achte Klasse des kirchlichen Stiftergymnasiums feiert in der Aula der pädagogischen Akademie jährlich mit Bischof Maximilian den Ostergottesdienst. Foto: Reischl

Das Kollegium der Professoren der Katholisch-Theologischen Privatuniversität (leider nicht vollständig) auf einem Gruppenbild mit ihrem „Magnus Cancellarius" Bischof Maximilian. Bildmitte: Rektorin Prof.in Dr.in Ilse Kögler. Foto: Kommunikationsbüro

Alle fünf Jahre ist Bischof Maximilian mit den Alumnen des Linzer Priesterseminars nach Rom gereist. Bei der Reise im Mai 2005 fehlen auf dem Bild einige Priesterseminaristen. Ganz links im Bild der damalige Regens des Priesterseminars, Mag. Andreas Pumberger, ganz rechts der Spiritual, Dr. Johann Hintermaier. Foto: privat

Inmitten der Menschen fühlte sich Maximilian Aichern immer am wohlsten. So wie bei einer Tagung der Religionslehrer und Religionslehrerinnen der Diözese Linz im Bildungshaus Schloss Puchberg. Rechts von Bischof Maximilian Johann Haslinger, RPI, und Karl Aufreiter, Schulamt. Foto: Kommunikationsbüro

Zum Abschluss seiner Amtszeit musizierten Domchor und Domorchester unter der Leitung von Mag. Norbert Matsch für Bischof Maximilian. Wie auch bei Aicherns Bischofsweihe wurde die Krönungsmesse von W. A. Mozart aufgeführt. Foto: Wakolbinger

20 Raum für das Laienapostolat

Tendenzen zur Verengung der Möglichkeiten kirchlichen Engagements von Laien ist Bischof Aichern immer energisch entgegengetreten. Mit guten Gründen.

Sie haben immer betont, dass Ihnen die Vielfalt des Laienapostolats sehr wichtig ist. Dass das Spektrum sehr breit gesehen werden kann von der Katholischen Aktion über die Legio Mariae[1] bis zu Gebetsgruppen und Bibelgruppen.

Natürlich. Man muss die Vielfalt des Laienapostolats als Frucht des Zweiten Vatikanums sehen. Es ist natürlich die Katholische Aktion nach dem Krieg als die wichtigste laienapostolische Organisation gesehen worden. Nach dem Konzil haben sich dann die anderen Gruppierungen entwickelt, die Movimenti[2]. Überall bestärkt man durch das Gebet und die biblische Orientierung die eigene Religiosität, um dann auf verschiedene Weise apostolisch wirksam zu sein. Das alles sind mögliche, wenn auch verschiedene Wege zu Gott und den Menschen. Vor allem Bibel- und Gebetsgruppen sind in vielen Pfarren lebendig.

Welche Zukunft sehen Sie für die Katholische Aktion?

In einigen Diözesen ist die Katholische Aktion in einer Krise, weil man übersehen hat, rechtzeitig jüngere Mitarbeiterinnen und Mitarbeiter aufzubauen. Aber auch von manchen Bischöfen wird die Katholische Aktion nicht in derselben Intensität gestärkt wie früher. In manchen Diözesen gehören die Gliederungen der Katholischen Aktion nicht mehr zum Pastoralamt, sondern sind eigene öffentliche Vereine und bekommen von der Diözese auch keine ständige Unterstützung mehr. Als die Pfarrgemeinderäte entstanden sind, haben viele gemeint, diese werden die Katholische Aktion ablösen. Bischof Josef Schoiswohl[3] von Graz, mein einstiger Bischof, hat zu mir gesagt als ich zum Bischof geweiht worden bin: „Du wirst sehen, du wirst noch Bischof von Linz sein und ihr werdet auch keine Katholische Aktion mehr haben." Ich habe das damals nicht so einschätzen

---

[1] Die Legio Mariae ist eine katholische laienapostolische Organisation, 1921 gegründet, deren Mitglieder sich um eine „vollkommene Hingabe an Jesus durch Maria" bemühen.

[2] Movimenti ist der Sammelbegriff für eine Vielzahl verschiedener Bewegungen in der römisch-katholischen Kirche. Die bekanntesten, die dazu gezählt werden, sind z. B. die Fokolare und das Neokatechumenat. Papst Johannes Paul II. förderte die Movimenti zur Neuevangelisation Europas.

[3] Bischof Josef Schoiswohl (1901–1991) war von 1951 bis 1954 Bischof in Eisenstadt und von 1954 von 1969 Bischof in Graz-Seckau.

1987 feierte die Katholische Aktion in Oberösterreich ein großes Diözesanfest. Die vorangegangene Diözesanversammlung war von der Katholischen Aktion wesentlich mitgetragen worden.
Foto: Diözesanarchiv

können. Ich habe nur gewusst, dass in Oberösterreich eine starke KA ist. Und ich habe nichts getan, dass weniger KA im Land ist, ganz im Gegenteil.

Was schätzen Sie an der KA?
Die Katholische Aktion, Frauen, Männer, Jugendliche und Kinder in den verschiedenen Gliederungen, sollten praktizierende Christinnen und Christen sein und zugleich ihr Weltapostolat wahrnehmen. Das heißt, sich als Christen zum Beispiel in Familie, Beruf, Schule, Gesinnungsgemeinschaft und Pfarre zu bewähren. Die KA ist auf breiter Basis christlich. Ihre Mitglieder handeln nicht nur persönlich nach dem Evangelium, sondern gestalten in christlicher Gesinnung die Öffentlichkeit mit. Das macht kaum eine andere Bewegung.

Dazu passt Ihr Satz, Christentum muss politisch sein, aber nicht parteipolitisch sein.
Richtig, unsere Partei muss das Evangelium sein.

Ist es Ihnen recht, wenn vom „Linzer Weg" gesprochen wird?
Nein. Weil es ein christlicher Weg sein will, der an und für sich überall möglich ist. Er will eine mögliche christliche Gangart in unserer Zeit sein.

Der Katholischen Aktion war Bischof Aichern stets eng verbunden. Von links: Mag. Andreas Gebauer, KA-Generalsekretär von 1987 bis 1997; Dr. Inge Loidl, KA-Vizepräsidentin von 1968 bis 1995; Bischof Maximilian Aichern; Dr. Irmgard Aschbauer, KA-Vizepräsidentin von 1992 bis 1995; Direktor Eduard Ploier, KA-Präsident von 1973 bis 1998. Fotos: KA

Als Referatsbischof war Maximilian Aichern auch auf Österreichebene für die KA zuständig. Links vorne im Bild Dr. Paul Schulmeister, KAÖ-Präsident von 1985 bis 1988.

21 Heimat in Oberösterreich

> Als Bischof Aichern vor 23 Jahren nach Linz kam, kannte er kaum jemanden. Heute kennen alle ihn und er kennt dank seines phänomenalen Gedächtnisses viele von den OberösterreicherInnen mit Namen.

Können Sie nach 23 Jahren im Land die Oberösterreicher und ihre Kirchlichkeit beschreiben?

In Oberösterreich, im gesamten Land, gibt es wirklich eine gute Glaubenssubstanz. Das heißt nicht, dass manche Gottesdienste nicht auch weniger besucht werden, aber im Großen und Ganzen ist die Glaubenssubstanz nach wie vor gut. Die Menschen sind sehr offen, sagen alles offen heraus, was sie sich denken, und bilden auch eine sehr interessante und lebendige Gemeinschaft. Der Oberösterreicher ist ein Mensch, der auch hartnäckig ist, sich etwas in den Kopf setzt und das dann durchhält und durchführt. Auch die kleinen Gruppen, die in Opposition zur Diözese stehen, sind typisch dafür. Wenn Sie in der Geschichte etwas blättern, sehen Sie, dass zum Beispiel auch Bischof Ziegler und Bischof Rudigier ihre Kämpfe gehabt haben mit den Boosianern[1], mit den Pöschlianern[2], die alle eigene religiöse Gruppen gebildet haben, in Ampflwang, in Gallneukirchen. Die Bischöfe haben die Pfarrer nicht zur Räson bringen können. Sie haben sie aber auch nicht vom Ort entfernt, sonst wäre ein zu großer Aufstand gewesen, der noch mehr geschadet hätte.

Die Oberösterreicher fühlen sich auch als österreichische Elite, sie halten sich für innovativ, auch im kirchlichen Bereich.

Eine lebendige Volksgruppe, würde ich sagen, die in dieser Lebendigkeit auch manchmal über das Maß von traditionellen Erwartungen hinausschießt.

Oberösterreich ist auch das Land der Bauernkriege.

Natürlich.

---

[1] Die Boosianer in Gallneukirchen spalteten sich während der Amtszeit Bischof Zieglers mit ihrem Pfarrer Martin Boos von der katholischen Kirche ab. Ein Großteil konvertierte zur evangelischen Kirche A. B.

[2] Die Pöschlianer waren zur Zeit Bischof Zieglers Anhänger von Pfarrer Thomas Pöschl, vor allem in der Gegend um Ampflwang. Pöschl hatte 1806 einem zum Tode verurteilten protestantischen Buchhändler letzten Beistand geleistet und daraufhin einen extremen religiösen Eifer entwickelt, der viel Anstoß erregte.

Die sind auch wehrhaft.
Das ist unbestritten. Sie sehen die Wehrhaftigkeit auch im kirchlichen Bereich.

Sind Ihnen die Oberösterreicher nahe gekommen?
Selbstverständlich, denn Österreich ist ja kein so großes Land und wir liegen alle nicht so weit auseinander. Wir haben alle unsere Identitäten und Oberösterreich hat auch seine Identität. Die Menschen sind gesprächsbereit und im Wesentlichen sehr loyal.

Sie haben als Abt und Abtpräses der Benediktiner schon oberösterreichische Klöster gekannt. Hat sich in Ihrer Amtszeit auch eine besondere Verbindung zu den Orden im Land entwickelt?
Ich schätze das Wirken der Klöster sehr. Die Diözese Linz hat viele Klostergemeinschaften, die in der Vergangenheit und in der Gegenwart für Land und Diözese, für die Menschen sehr viel leisten, sowohl durch das Zeugnis für Jesus Christus als auch durch kulturelles, wissenschaftliches und humanitäres Apostolat. Als Linzer Bischof bin ich den männlichen und weiblichen Ordensgemeinschaften für dieses Zeugnis und für diese Arbeit überaus dankbar. Was sie an Gebet und christlicher Tat leisten, ist Seelsorge. Und dazu sind viele männliche Ordensgemeinschaften, besonders die Stifte, Seelsorger in einem Drittel der Pfarrgemeinden des Landes. Die spirituellen Angebote der Klöster werden gerade in unserer Zeit immer stärker angenommen.

Wer waren für Sie in der Diözese wichtige Mitstreiter?[1]
Ganz sicher der über zwei Jahrzehnte dienende Generalvikar Prälat Josef Ahammer. Dann kann man Prälat Josef Wiener als den Pastoralamtsdirektor und Prälat Josef Mayr als den für die Sozialbereiche Zuständigen nennen. Wichtig sind auch die heutigen Domkapitulare, die in den Amtsbereichen mit tätig sind. Sie sind genauso kooperativ wie die Führungskräfte der Katholischen Aktion, ob sie Loidl[2] oder Hauft[3] heißen, ob das ein Ploier war oder jemand anderer. Sie sehen auch, in welcher Länge sie ihre Dienste tun. Ploier war 25 Jahre Präsident, Hauft ist schon zehn Jahre im Amt, Loidl war 27 Jahre KA-Vizepräsidentin. Da ist eine gewisse Beständigkeit da. Prälat Wild[4], der so viel an Bildung in den Bereichen der Katholischen Aktion eingebracht hat, war genauso wie Ernst Bräuer lange im Dienst und alle waren immer gefragt und gesucht. Dann ist eine schöne Reihe von Mitbrüdern mit der Diözese und mit mir gemeinsam den Weg des Glaubens und der Seelsorge gegangen. Es hat auch immer wieder

---

[1] Eine vollständige Liste der wichtigsten leitenden Mitarbeiterinnen und Mitarbeiter von Bischof Maximilian in seinen 23 Amtsjahren finden Sie im Anhang des Buches.
[2] Dr. Inge Loidl war viele Jahre Vorsitzende der Katholischen Frauenbewegung in der Diözese Linz und auf Österreichebene sowie Vizepräsidentin der Katholischen Aktion.
[3] Margit Hauft ist Präsidentin der Katholischen Aktion der Diözese Linz, Vorsitzende des Pastoralrates der Diözese Linz und Vorsitzende der Katholischen Frauenbewegung Österreichs.
[4] Prälat Karl Wild war viele Jahre Rektor des Bildungshauses Schloss Puchberg, Geistlicher Assistent der Katholischen Aktion und in vielen weiteren Funktionen tätig.

> „Wann immer du dich aber einsam fühlst oder missverstanden, dich lieber zurückziehen wolltest, wir alle werden wie weiland Simon und seine Begleiter zu dir eilen und dir sagen: Schau, so viele suchen dich. Dann geh wieder in die benachbarten Dörfer und Städte und predige. Denn dazu bist du berufen."

Weihbischof Dr. Helmut Krätzl in seiner Predigt im Gottesdienst zum 20-jährigen Amtsjubiläum von Bischof Maximilian Aichern am 16. Jänner 2002 in Linz.

welche gegeben, die eigene Wege gehen wollten, was nicht immer möglich war. Die Diözese Linz ist eine Diözese, die auch sehr viel soziales Gespür hat. Was von hier aus für die Dritte Welt geleistet wurde und wird und durch die Caritas auch im eigenen Bereich, wundert viele andere Diözesen. Oberösterreich hat zum Beispiel nicht nur eine große Zahl von Entwicklungshelfern hervorgebracht, sondern erzielt auch immer wieder großartige Spendenergebnisse für Aktionen der Entwicklungsförderung.

Ihre leitenden Angestellten ...
Auch Laien haben wir darunter, Dr. Josef Wöckinger zum Beispiel, der durch Jahre die Diözesanfinanzkammer geführt hat.

... haben unter Ihrer Leitung sehr selbstständig arbeiten können.
Ja, aber doch in enger Verbindung mit mir. Dinge, die sich entwickelt haben, habe ich immer gewusst, weil wir sie gemeinsam besprochen haben.

Es gab von Ihrer Seite immer einen Vertrauensvorschuss?
Ich meine, man soll nicht sagen Vertrauensvorschuss, sondern man soll sagen, wir haben im Vertrauen miteinander gearbeitet. Wenn manche Ideen haben, dauert es manchmal ein bisschen, bis wir entscheiden, ob wir das endgültig so machen. Aber wir haben auf einer Vertrauensbasis des Glaubens und einer positiven menschlichen Gesinnung miteinander gearbeitet.

Sie haben gesagt, Sie sind nie ein Mann schneller Entscheidungen gewesen. Gilt das auch für Fragen, wie sich die Diözese weiterentwickeln soll, und in Personalfragen?
Natürlich. Solche Sachen kann man nicht in einer halben Nacht entscheiden. Manchmal gibt es freilich etwas, was man sofort entscheiden muss, weil sonst etwas schief geht. Aber für gewisse Sachen auf weitere Sicht ist es immer gut, wenn man nachdenkt und sich berät. Ein Bischof muss sich ja beraten mit seinem Konsistorium, das ist kirchliche Vorschrift. Wenn auch von manchen

> „Bischof Aichern ist eine Persönlichkeit, die ganz maßgeblich zu einem Klima des Dialogs, des Ausgleichs, des Brückenbauens und des Aufeinanderzugehens in unserem Land beiträgt. Dialogfähigkeit und Menschennähe sind zum Markenzeichen seiner Amtsführung geworden."

Landeshauptmann Dr. Josef Pühringer in der Würdigung der Verdienste von Bischof Aichern nach Bekanntwerden von dessen Rücktritt.

Personen und Stellen gemeint wurde, der Bischof soll das allein entscheiden, dann ist doch für mich die Rückversicherung und die breite Basis bei der Entscheidungsfindung wichtig. Die Akzeptanz für die Entscheidung ist dann auch größer.

Sie sind also ziemlich im Spannnungsfeld gestanden.
Das geht wohl jedem Bischof so.

Hat sich das bei Ihnen auch auf die Nieren geschlagen?
Ob es das war, weiß ich nicht.

Sie haben ja Nierensteine bekommen.
Ja, die habe ich auch gehabt, die sind dann wieder zertrümmert worden. Ich habe auch eine Bandscheibenoperation gehabt, aber das haben so viele Menschen, das soll man gar nicht so ernst nehmen.

Das Domkapitel ist das wichtigste Beratungsgremium des Bischofs. Anlässlich der Ernennung neuer Ehrendomherren entstand 2004 diese Aufnahme (leider nicht sämtlicher Mitglieder des Domkapitels). Von links: Prälat Mag. Franz Huemer-Erbler, Prälat Josef Mayr, Dr. Maximilian Strasser, Ehrenkanonikus Alois Maier, Bischofsvikar Msgr. Wilhelm Vieböck, Bischof Maximilian Aichern, Generalvikar Prälat Maximilian Mittendorfer, Ehrenkanonikus O.-St.-R. Kons.-R. Dr. Josef Dikany, Rektorin Prof.in Dr.in Ilse Kögler (nicht Mitglied des Domkapitels), Bischofsvikar Mag. Josef Ahammer, Prof. Msgr. Dr. Johann Marböck. Foto: Kaineder

Mit dem langjährigen Superintendenten der evangelischen Kirche A. B. in Oberösterreich Mag. Hansjörg Eichmeyer verbinden Bischof Maximilian Aichern eine intensive Zusammenarbeit und eine äußerst positive Gesprächsbasis. Foto: Röbl

Die hervorragende Zusammenarbeit zwischen dem Land Oberösterreich und der Diözese Linz würdigte die Kirche mit der Verleihung des Päpstlichen Silvesterordens an Landeshauptmann Dr. Josef Pühringer. Anlässlich der Verleihung dieser höchsten Auszeichnung für Laien gratulierten im Juli 2005 Bischofsvikar Mag. Josef Ahammer (links) und Bischof Maximilian. Blumen gab es für Christa Pühringer, die Gattin des Landeshauptmanns.

Foto: Linschinger

Anlässlich seines 70. Geburtstages lud das Land Oberösterreich zu einer Feier für Bischof Maximilian. Ein Zeichen der Wertschätzung und des gelungenen Dialogs zwischen Kirche und Gesellschaft in Oberösterreich. Von links: Landeshauptmann Dr. Josef Pühringer, Erste Landtagspräsidentin Angela Orthner, Landeshauptmannstellvertreter Erich Haider.

Foto: Kommunikationsbüro

Als erstem Bischof wurde Maximilian Aichern 1994 die Ehrenbürgerschaft der Stadt Linz durch Bürgermeister Dr. Franz Dobusch verliehen. Foto: Magistrat Linz

Im Jahr 1988 spendete das Land Oberösterreich den Christbaum für Rom. Nach einer Privataudienz bei Papst Johannes Paul II. trafen sich unter dem Weihnachtsbaum unter anderem (von links): Erste Landtagspräsidentin Johanna Preinstorfer (Dritte von links), Landeshauptmannstellvertreter Dr. Karl Grünner, Landeshauptmann Dr. Josef Ratzenböck, Goldhaubenobfrau Anneliese Ratzenböck, Bischof Maximilian Aichern, Erzbischof Giovanni Battista Re, Vatikanisches Staatssekretariat, Kurienbischof Dr. Alois Wagner. Foto: Scheucher

Die Vertreter der Sozialpartnerschaft in Oberösterreich waren wichtige Gesprächspartner für Bischof Maximilian. AK-Präsident Dr. Johann Kalliauer ist unter anderem Partner in der „Allianz für den Sonntag". Foto: Riedler

Am 4. Mai 2004 wurde der heilige Florian zum ersten oberösterreichischen Landespatron ernannt. Aus diesem Anlass versammelten sich im Stift St. Florian unter anderem (von links): Landesrat Viktor Sigl, Landesrat Franz Hiesl, Landeshauptmann-Stellvertreter Erich Haider (halb verdeckt), Propst Wilhelm Neuwirth, Landesrat Josef Stockinger (dahinter), Landeshauptmann Josef Pühringer, rechts hinter ihm der Lorcher Titularerzbischof Girolamo Prigione, Bischof Maximilian Aichern, Alt-Landeshauptmann Josef Ratzenböck und der Chef der oö. Feuerwehren Johann Huber. Foto: Fellinger

22 Große Vorbilder

> Bischof Maximilian Aichern setzte sich für die Seligsprechung von Glaubenszeugen wie Franz Jägerstätter oder auch Bischof Rudigier ein und förderte die Verehrung des Mauthausener Glaubenszeugen, des seligen Marcel Callo.

Wer waren für Sie Vorbilder?

Cardijn war ein Vorbild durch das „Sehen, Urteilen und Handeln". Cardijn hat mich geprägt bis heute. Und die Ordensregel des heiligen Benedikt, die menschliches Leben, Handeln nicht nur in der Klostergemeinschaft, sondern überhaupt in der christlichen Gemeinschaft vor Augen hat, ist natürlich auch eine gewichtige Orientierung. Manche Orientierungen haben auch Leute gegeben, die wie Jägerstätter[1] und wie Callo[2] in ihrem Leben tätig waren.

Cardijn hat sich für Arbeiter engagiert. Das verbindet ihn doch auch mit Ihrem Lebensweg.

Ich habe mich nie gescheut, bei Menschen zu sein. Ich bin in Wien in einem Viertel aufgewachsen, wo viele Arbeiter gelebt haben. Durch die Kalasantiner und durch Cardijns KAJ bin ich in der Jugendzeit im Sozialengagement sehr beeinflusst worden. Bei den Benediktinern in St. Lambrecht war ich als Kaplan mit zuständig für die Seelsorge bei den Arbeiterfamilien der Dynamitfabrik und als Religionslehrer in der Berufsschule für Maurer und Zimmerer in Murau. Diese Dienste habe ich gerne gemacht. Ich war in dem Milieu zuhause.

Stift St. Lambrecht war während des Krieges aufgehoben und es gab dort eine Außenstelle des KZ Mauthausen[3].

Leider war es so. Gefangene waren aber nicht nur im Stift, sondern auch im landwirtschaftlichen Betrieb im Schloss Lind bei Neumarkt. In diesem Außenlager ist niemand zu Tode gekommen, aber die Gefangenen durften immer nur

---

[1] Franz Jägerstätter (1907–1943), Bauer aus dem oberösterreichischen St. Radegund, verweigerte dem nationalsozialistischen Regime den Kriegsdienst aus Glaubensgründen und wurde dafür 1943 mit der Todesstrafe belegt und enthauptet. In der Amtszeit Bischof Maximilians wurde die Seligsprechung von Franz Jägerstätter als „Blutzeuge des Glaubens" eingeleitet.

[2] Marcel Callo (1921–1945) stammte aus Frankreich und war in der Katholischen Arbeiterjugend engagiert. Er wurde von den Nationalsozialisten deportiert und starb im Konzentrationslager Mauthausen. 1987 wurde er selig gesprochen. Die Kirche in Linz-Auwiesen ist ihm geweiht.

[3] Im Konzentrationslager Mauthausen in Oberösterreich und in seinen 40 Außenlagern kamen zwischen 1938 und 1945 ungefähr 100.000 Gefangene um.

wenige Monate bleiben. Dann mussten sie in die Todeslager von Mauthausen zurück. In St. Lambrecht wird jetzt erst alles aufgearbeitet. Als ich neun Jahre nach Kriegsende, 1954, eingetreten bin, hat kaum jemand über die Situation von damals reden wollen, obwohl noch die Mehrheit der Zeitzeugen gelebt hat. 50 Jahre später arbeiten Historiker das alles auf.

Marcel Callo ist in Mauthausen umgekommen. Er wurde selig gesprochen. Sie sind ein besonderer Förderer seiner Verehrung in Oberösterreich.
Ja, ich war auch in Rom während der Weltbischofssynode für die Laien bei seiner Seligsprechung anwesend. Ich habe damals seine Geschwister, seine Braut und eine Reihe von Frauen und Männern, die seinerzeit mit ihm in Rennes die Jugend verbracht haben, kennen gelernt. Nach einer Jugendfeier zu Ehren des seligen Marcel am Lagerplatz von Mauthausen, gemeinsam mit dem damaligen Jugendbischof Egon Kapellari, habe ich die Verwandten und Freunde zu einem weiteren Besuch in Oberösterreich eingeladen. Inzwischen sind sie mehrmals gekommen, auch zum Besuch von Papst Johannes Paul II. in Mauthausen und Lorch. Besonders verbunden bin ich dem geistlichen Bruder des Seligen, Abbé Jean Callo. Auch von Oberösterreich sind wir mehrmals zu Besuch bei Angehörigen und Freunden in der Heimat Marcels gewesen. In der Pfarre Marcel Callo in Linz-Auwiesen hat der derzeitige Erzbischof von Rennes, Saint-Macary, bei einem Gedenkgottesdienst auch an Jugendliche dieser Pfarre die heilige Firmung gespendet.

„Wir brauchen Wachsamkeit, wenn Feindbilder aufgebaut werden, wenn umfassende Solidarität, Mitmenschlichkeit und Toleranz in Gefahr sind."

Bischof Maximilian Aichern bei der Gedenkfeier für die Glaubenszeugen des 20. Jahrhunderts am 23. März 2001 im Linzer Dom.

Cardijn hat gesagt, eine Kirche, die die Arbeiter nicht zurückgewinnen kann, ist für die Zukunft verloren. Stimmt das heute noch? Sind die Arbeiter heute noch die Frage der Kirche oder ist das schon viel breiter zu sehen?
Die Frage der Kirche müssen grundsätzlich alle Menschen sein. Es gibt aber auch heute die spezielle Seelsorge für Arbeiter und den Arbeitsbereich, gerade in der Diözese Linz, in Betriebsseelsorgezentren, dem Betriebsseminar, durch die Katholische Arbeitnehmer- und Arbeitnehmerinnenbewegung sowie die Katholische Arbeiter- und Arbeiterinnenjugend. Kirche soll niemand ausschließen, sondern für alle Menschen da sein. Es gibt aber auch heute die spezielle Seelsorge für einzelne Berufsgruppen und Lebenssituationen, damit die Kirche die Menschen in ihrer Sprache und mit ihren Problemen erreichen kann.

> „Das Zeugnis Franz Jägerstätters gebe uns Kraft, dass auch wir heute dort mutig auftreten, wo es die Sache Jesu um Gottes und der Nächsten willen von uns verlangt."

Bischof Maximilian Aichern in einem Grußwort anlässlich des Gedenkens zum 57. Jahrestag des Todes von Franz Jägerstätter.

Der Pastoraltheologe Rainer Bucher[1] sagt, durch die derzeitigen Entwicklungen verliert die Kirche an Macht, und das sei für sie eine fruchtbare Herausforderung, weil auch ihr Gründer ein machtloser Mensch gewesen ist.

Ich bin überzeugt, Kirche soll nicht Macht zeigen, sondern Kirche soll den Menschen die Kraft Christi, die aus dem Evangelium strahlt, bewusst machen. Nicht die Macht, die Kraft.

---

[1] Univ.-Prof. Dr. Rainer Bucher ist Professor für Pastoraltheologie und Pastoralpsychologie an der Universität Graz.

Der Franzose Marcel Callo, Aktivist der Christlichen Arbeiterjugend, wurde 1987 selig gesprochen. Bischof Maximilian zählt den 1943 im KZ Mauthausen umgekommenen Marcel Callo zu den wichtigen Vorbildern im Glauben. 1989 traf Bischof Maximilian in Linz mit den Geschwistern Callos zusammen. Links der Bruder Callos, ein Priester, mit kariertem Kostüm die frühere Braut des Seligen. Foto: Wall

Im Jänner 1990 wurden im Linzer Bischofshof im Beisein des Diözesanarchivars, von Mitgliedern des Domkapitels und Bischof Aichern die Rudigier-Akten geöffnet. Sie waren seit Jahrzehnten verschlossen und könnten für den Fortgang des 1895 eingeleiteten Seligsprechungsverfahrens für den ehemaligen Linzer Bischof Franz Josef Rudigier bedeutend sein. Foto: Diözesanarchiv

Die Seligsprechung des Innviertler Bauern und Kriegsdienstverweigeres Franz Jägerstätter wird von Bischof Maximilian Aichern sehr unterstützt. Mit Jägerstätters Witwe Franziska beteten Aichern und Bischof Thomas Gumbleton von Detroit (links) 2003 vor Jägerstätters Grab in St. Radegund. Foto: Fellinger

„Auf ihn habe ich gehorcht", sagt Bischof Maximilian über Kardinal Dr. Franz König. Er hatte Abt Maximilian schlussendlich davon überzeugen können, die Ernennung zum Bischof von Linz anzunehmen. Foto: Gürer

21 Jahre war Bischofsvikar Mag. Josef Ahammer als Generalvikar der engste Mitarbeiter von Bischof Maximilian. Foto: Kommunikationsbüro

Bischofsvikar Josef Wiener war als Leiter des Pastoralamtes und besonderer Förderer der pastoralen Dienste ebenfalls ein enger Mitarbeiter Bischof Maximilians. Foto: Diözesanarchiv

Der Pastoraltheologe Dr. Wilhelm Zauner war für Bischof Aichern ein wichtiger Berater in theologischen Fragen. Foto: Kommunikationsbüro

Prälat Karl Wild wirkte über 30 Jahre in der Erwachsenenbildung der Diözese, unter anderem als Gründungsrektor des Bildungshauses Schloss Puchberg und geistlicher Assistent der Katholischen Männerbewegung. Foto: Diözesanarchiv

23 Ausblick

> Mit bald 73 Jahren und nach gut 23 Jahren Amtszeit als Bischof beginnt für Maximilian Aichern noch einmal ein neuer Lebensabschnitt.

Es gibt immer wieder Vermutungen, dass Sie nicht freiwillig als Bischof zurückgetreten sind. Was ist daran wahr?

Wer soll denn einen Bischof in diesem Alter noch zum Rücktritt zwingen? Selbstverständlich habe ich freiwillig nach 42 Dienstjahren im höheren kirchlichen Dienst, als Abt, als Abtpräses und gut 23 Jahren als Diözesanbischof, den Heiligen Vater um Entpflichtung aus meinem Amt gebeten. In den letzten Jahren haben mehrere österreichische Bischöfe im Alter von 73 Jahren um den Rücktritt angesucht, zum Beispiel Bischof Zak, Bischof Weber oder Bischof Eder. Er wurde ihnen auch gewährt. Ich bin aus Altersgründen zurückgetreten und wurde von niemandem dazu gedrängt. Ich habe bereits im Vorjahr beim Heiligen Stuhl diesen Rücktritt angemeldet, der jetzt von Papst Benedikt XVI. gestattet wurde. Ich habe immer überlegt, dass ich meinen Dienst 1981/82, im Jubiläumsjahr des zweiten oberösterreichischen Diözesanpatrons Severin, begonnen habe und dass ich meinen aktiven Dienst im Jahr 2004/05, dem Jubiläumsjahr des ersten Diözesanpatrons Florian, beenden möchte.

Noch einmal Johannes XXIII. Von ihm wird ein Abendgebet überliefert, das lautet: „Herr, es ist deine Kirche und nicht meine, ich bin müde und gehe zu Bett, gute Nacht."

Das ist typisch der selige Johannes XXIII.

„Das Wort unseres oberösterreichischen Dichters Franz Stelzhamer
‚Wann i lang nimmer bi, geht nu ´s Gfragat um mi‘
wird auch auf Sie zutreffen."

Hans Samhaber, Präsident des OÖ Forums Volkskultur.

> „Wir wissen in vielen Einzelfragen noch nicht, wohin die Entwicklung gehen wird und wie lange manche Übergänge dauern werden. Wir spüren aber mit Freude und Hoffnung, dass ein neues Miteinander da und weiter im Wachsen ist, sodass wir im Vertrauen auf Gottes Beistand als Volk Gottes ohne jede Ängstlichkeit in eine spannende Zukunft aufbrechen können."

Bischof Maximilian Aichern in einer Rede anlässlich des 80. Geburtstages von Dr. Ernst Waldstein, dem langjährigen Präsidenten des Österreichischen Laienrates.

Könnte das auch das Abendgebet des Bischof Aichern sein am Ende von 23 Amtsjahren?

(*Er lacht.*) Das ist gut. Aber es wird manche aufregen, die meinen, ein Bischof muss Tag und Nacht theologisieren, was aber unmöglich ist.

Dann bleibt nur noch die Frage, was Sie als Nächstes tun werden.

Diese Frage ist noch nicht endgültig entschieden. Ich bin im Amt als Bischof in Linz bis zum 18. September 2005, wenn mein Nachfolger Weihbischof Ludwig Schwarz aus Wien das Amt übernimmt. Meine Aufgaben in der Bischofskonferenz habe ich auf Wunsch des Vorsitzenden Kardinal Schönborn bis zur nächsten Bischofskonferenz im November diesen Jahres weiterzuführen. Dann wird meine Nachfolge als Referatsbischof für die Katholische Aktion Österreichs mit mehreren ihrer Gliederungen bestimmt, ebenso für die Aufgaben als Ordensreferent und für die Kontakte im Sozialbereich. Wenn das bestimmt und übergeben ist, bin ich frei für nächste Entscheidungen.

Die Gespräche mit Bischof Maximilian Aichern wurden am 16. Juli und am 10. August 2005 im Linzer Bischofshof geführt.

In einer Pressekonferenz informierte Bischof Maximilian Aichern am 18. Mai 2005 die Öffentlichkeit, dass Papst Benedikt XVI. sein Rücktrittsgesuch angenommen hatte. „Es sollen nicht überall Opas am Werk sein", meinte ein humorvoll gestimmter Bischof Maximilian. Viele bedauerten seinen Rücktritt außerordentlich. Fotos: Kommunikationsbüro

Im Zuge der Danksagungen zum Abschied aus dem Amt wurde auch der Betriebsrat der kirchlichen Angestellten bei Bischof Maximilian vorstellig.

Es wird Zeit, im Bischofshof alles für die Amtsübergabe zu regeln.
Foto: Michael Rausch-Schott

Am 8. Juli 2005 wird Dr. Ludwig Schwarz zum neuen Linzer Diözesanbischof ernannt. Der Salesianer Don Boscos und bisherige Weihbischof in Wien wird von Bischof Maximilian herzlich willkommen geheißen.
Foto: Kommunikationsbüro

Maximilian Aichern, von 1982 bis 2005
Bischof der Diözese Linz, 1984 gezeichnet
vom Linzer Künstler Anton Watzl.
Foto: Diözesanarchiv

„Viel Glück und viel Segen auf all deinen Wegen", mit diesem Lied verabschiedeten die Religionslehrkräfte der Diözese Linz Bischof Maximilian bei ihrer Tagung im August 2005.
Foto: Kommunikationsbüro

Bischof mit den Menschen

23 Jahre lang hat Maximilian Aichern als Bischof zu den Menschen gesprochen. Aber stets auf Augenhöhe und mit spürbarer Zuneigung. Es waren 23 gute Jahre.

Foto: Kommunikationsbüro

Anhang

Mitglieder im Konsistorium, in der Amtsleiterkonferenz bzw. im Erweiterten Konsistorium[1] in der Amtszeit von Bischof Aichern

Prälat Mag. Josef Ahammer (Ordinariatskanzler, Domkapitular, Generalvikar, Bischofsvikar für Orden)

Dr. Karl Aufreiter (Schulamtsdirektor)

Geistl. Rat Dr. Christoph Baumgartinger (Rektor des Schulamtes)

Msgr. Mag. Johannes Bergsmann (Domkapitular)

Prälat DDr. Peter Gradauer (Domkapitular, Ordinariatskanzler)

Prälat Franz Hackl (Domkapitular, Ordinariatskanzler)

P. Mag. Christian Haidinger OSB (Generaldechant)

Margit Hauft (Vorsitzende der Frauenkommission, Präsidentin der Katholischen Aktion, geschäftsführende Vorsitzende des Pastoralrates)

KonsR Ludwig Höllinger (Rektor der Caritas)

Prälat Dr. Josef Hörmandinger (Bischofsvikar für Orden)

Prälat Mag. Franz Huemer-Erbler (Domkapitular)

Prälat Dr. Josef Janda (Rektor des Schulamtes)

Sr. Dr.in Hanna Jurman OSB (Ordinariatskanzlerin)

Prälat Ludwig Kneidinger (Finanzkammerdirektor, Domkapitular, Ökonom)

Univ.-Prof. DDr. Severin Lederhilger OPraem (Gerichtsvikar ad personam)

Msgr. Dr. Johannes Marböck (Domkapitular)

Prälat Josef Mayr (Caritasdirektor, Domkapitular, Bischofsvikar für sozial-karitative Dienste, Rektor der Caritas)

Prälat Mag. Maximilian Mittendorfer (Domkapitular, Generalvikar)

Mathias Mühlberger (Caritasdirektor)

Prälat Hermann Pfeiffer (Domkapitular, Caritasdirektor)

Mag. Siegfried Primetshofer (Finanzkammerdirektor)

Msgr. Dr. Alfons Riedl (Bischofsvikar für Erwachsenenbildung und pastorale Fortbildung)

Prälat Gottfried Schicklberger (Domkapitular, Ordinariatskanzler)

---

[1] Die erste Sitzung des Konsistoriums am 16. Jänner 1982 fand letztmals mit Weihbischof Dr. Alois Wagner statt. Die 86. Sitzung des Konsistoriums am 1. Juli 1986 war zugleich die 80. Sitzung der Amtsleiterkonferenz und der Beginn des Erweiterten Konsistoriums.

Prälat Hofrat Josef Schreiberhuber (Schulamtsdirektor, Rektor des Schulamtes)

Mag.ª Dorothea Schwarzbauer-Haupt (Vorsitzende der Frauenkommission)

Prälat Dr. Johannes Singer (Domkapitular, Bischofsvikar für Erwachsenenbildung und pastorale Fortbildung)

Dr. Franz Stauber (Caritasdirektor)

Msgr. Dr. Maximilian Straßer (Domkapitular)

Prälat Dr. Walter Suk (Rektor der Caritas)

Dkfm. Dr. Alfred Tschandl (Ökonom)

Prälat Franz Vieböck (Domkapitular)

Msgr. Lic. theol. Wilhelm Vieböck (Pastoralamtsdirektor, Domkapitular, Bischofsvikar für pastorale Dienste)

Prälat Josef Wiener (Pastoralamtsdirektor, Domkapitular, Bischofsvikar für pastorale Dienste)

Kan. Dr. Walter Wimmer (Domkapitular, Sprecher des Priesterrates)

Dr. Josef Wöckinger (Finanzkammerdirektor, Ökonom)

Leitende diözesane Mitarbeiter von Bischof Maximilian Aichern in seiner Amtszeit von 1982 bis 2005

Dompröpste: Prälat Franz Vieböck (26. 5. 1981–7. 9. 1984)
Prälat Hermann Pfeiffer (1. 10. 1984–7. 9. 1990)
Prälat Ludwig Kneidinger (8. 9. 1990–31. 12. 1995)
Prälat Gottfried Schicklberger (1. 1. 1996–11. 4. 2003)
Prälat Mag. Josef Ahammer (seit 1. 9. 2003)

Generalvikare: Prälat Mag. Josef Ahammer (21. 4. 1982–31. 8. 2003)
Prälat Mag. Maximilian Mittendorfer (seit 1. 9. 2003)

Ökonomen: Prälat Ludwig Kneidinger (27. 11. 1983–31. 12. 1987)
Dr. Josef Wöckinger (1. 1. 1988–31. 12. 2002)
Dkfm. Dr. Alfred Tschandl (seit 1. 1. 2003)

Bischofsvikare: Prälat Dr. Josef Hörmandinger, Bischofsvikar für Orden, Säkularinstitute und geistliche Gemeinschaften (19. 4. 1992–31. 8. 2003)
Prälat Dr. Johannes Singer, Bischofsvikar für Erwachsenenbildung und pastorale Fortbildung (19. 4. 1992–31. 8. 2003)
Prälat Josef Wiener, Bischofsvikar für pastorale Dienste (19. 4. 1992–30. 9. 1998)
Prälat Josef Mayr, Bischofsvikar für sozial-karitative Dienste (seit 1. 10. 1998)
Msgr. Lic. theol. Wilhelm Vieböck, Bischofsvikar für pastorale Dienste (seit 1. 10. 1998)
Prälat Mag. Josef Ahammer, Bischofsvikar für Orden, Säkularinstitute und geistliche Gemeinschaften (seit 1. 9. 2003)
Msgr. Alfons Riedl, Bischofsvikar für Erwachsenenbildung und pastorale Fortbildung (seit 1. 9. 2003)

Amtsleiter

Ordinariatsamt: Prälat Mag. Josef Ahammer (1. 3. 1978–14. 11. 1982)
Prälat DDr. Peter Gradauer (15. 11. 1982–24. 7. 1991)
Prälat Gottfried Schicklberger (1. 10. 1991–11. 4. 2003)
Sr. Dr.^{in} Hanna Jurman (seit 1. 9. 2003)

Diözesanfinanzkammer: Prälat Ludwig Kneidinger (1. 3. 1970–31. 12. 1987)
Dr. Josef Wöckinger (1. 1. 1988–31. 8. 1999)
Mag. Siegfried Primetshofer (seit 1. 9. 1999)

Pastoralamt: Prälat Josef Wiener (1. 8. 1974–31. 8. 1992)
Msgr. Lic. theol. Wilhelm Vieböck (seit 1. 9. 1992)

Caritas: Prälat Hermann Pfeiffer (15. 9. 1949–30. 9. 1982)
Dr. Franz Stauber (1. 10. 1982–30. 6. 1991)
Prälat Josef Mayr (1. 7. 1991–31. 8. 2001)
Mathias Mühlberger (seit 1. 9. 2001)

Schulamt: Prälat Josef Schreiberhuber (26. 2. 1977–31. 12. 1982)
Dr. Karl Aufreiter (seit 1. 1. 1983)

Diözese Linz – pastorale Berufe: Prälat Josef Wiener (1. 7. 1989–28. 2. 1999)
Mag.^{a} Brigitte Gruber-Aichberger (seit 1. 3. 1999)

Diözesane Räte

Geschäftsführender Vorsitzender des Pastoralrates: Dir. Eduard Ploier (13. 3. 1982–4. 1. 1998)
Margit Hauft (seit 18. 3. 1998)

Sprecher des Priesterrates: Prälat Josef Wiener (7. 3. 1974–23. 11. 1988)
Kan. Dr. Walter Wimmer (seit 24. 11. 1988)

Generaldechanten: Prälat Dr. Eberhard Marckhgott (8. 5. 1980–31. 12. 1983)
Prälat Johann Andeßner (1. 1. 1984–31. 12. 1993)
Msgr. Johann Bachmair (1. 1. 1994–31. 12. 2003)
Kons.-Rat Mag. P. Christian Haidinger (1. 1. 2004–31. 8. 2005)

Frauenkommission: Margit Hauft (21. 10. 1997–21. 10. 2003)
Mag.^{a} Dorothea Schwarzbauer-Haupt (seit 22. 10. 2003)

Büro Bischof Maximilian Aichern

Bischofssekretäre: Mag. Johann Hainzl (17. 8. 1977–31. 8. 1987)
Mag. Franz Küllinger (1. 9. 1987–31. 5. 1991)
Mag. Stefan Manigatterer (1. 6. 1991–31. 8. 1995)
Mag. Andreas Reumayr (seit 1. 9. 1995)

Danksagung

Es stand lange auf der Kippe, ob das vorliegende Buch zustande kommen kann. Bischof Maximilian redet nicht besonders gerne über sich, speziell nicht mit Medienleuten. Doch Bischofsvikar Mag. Josef Ahammer, sein langjähriger Generalvikar, und Mag. Ferdinand Kaineder, der Leiter des Kommunikationsbüros der Diözese, überzeugten Bischof Maximilian, dass ein Buch den Abschluss seines Amtes als Bischof von Linz runden würde.

In mehreren höchst interessanten Stunden erzählte Bischof Maximilian noch einmal von den wichtigen Stationen seines Lebens. Dabei blieb er vorsichtig und umsichtig. Polarisierung und Spaltung sind ihm ein Gräuel. Die Frage, wie andere seine Aussagen verstehen, interpretieren oder betreffen könnten, war ihm ständig präsent.

Auch als Journalistin habe ich erlebt, dass man Bischof Maximilian Aichern auf Augenhöhe begegnen kann. Ich bedanke mich bei ihm für die Offenheit und das Vertrauen im Gespräch.

Das Kommunikationsbüro unter der Leitung von Mag. Ferdinand Kaineder hatte die Idee zu diesem Buch. Er und seine Mitarbeiterinnen, vor allem Mag.[a] Gabriele Eder-Cakl, Elisabeth Jank und Isabella Stütz, haben das Buchprojekt in vielfacher Weise unterstützt. Die MitarbeiterInnen verschiedener kirchlicher Einrichtungen haben mit ihrem Wissen geholfen, besonders das Diözesanarchiv mit Dr. Johannes Ebner sowie die Kirchenzeitung mit Mag. Matthäus Fellinger. Ein besonderer Dank gilt Prälat Josef Ahammer, der das Buch in allen Phasen seiner Entstehung sehr konstruktiv begleitet hat.

Dem Land Oberösterreich mit Landeshauptmann Dr. Josef Pühringer gebührt Dank für die Unterstützung der Herausgabe des Buches.

Allen MitarbeiterInnen des Trauner-Verlages und der Chefin des Hauses, Mag.[a] Ingrid Trauner, herzlichen Dank für die kurzfristig und unkompliziert mögliche Produktion des Buches.

Schließlich noch allen, die mich im persönlichen Umfeld bei dieser Aufgabe unterstützt haben, ein großes Dankeschön.

Linz, im August 2005   Dr.[in] Christine Haiden